Superfofos

25 Bichinhos de Crochê para Você Fazer

Superfofos

25 Bichinhos de Crochê para Você Fazer

Annie Obaachan

Manole

Título do original em inglês: *Super Cute – 25 Amigurumi Animals to Make*

Este livro foi criado, projetado e produzido pela Quantum Publishing
6 Blundell Street – London N7 9BH
Fotografias: John Gaffen
Design: Paula Keogh

Este livro contempla as regras do Acordo Ortográfico da Língua Portuguesa de 1990, que entrou em vigor no Brasil.

Tradução: Sueli Coelho
Revisão: Thais Ueda
Graduada em Desenho Industrial pela Universidade Mackenzie
Desenhista e designer de objetos em crochê
Diagramação: Depto. editorial da Editora Manole
Adaptação da capa para a edição brasileira: Depto. de arte da Editora Manole

Dados Internacionais de Catalogação na Publicação (CIP)
(Câmara Brasileira do Livro, SP, Brasil)

Obaachan, Annie
Superfofos : 25 bichinhos de crochê para você fazer / Annie Obaachan ; [tradução Sueli Coelho]. -- Barueri, SP : Manole, 2011.

Título original: Super cute : 25 amigurumi animals to make.
ISBN 978-85-204-3192-4

1. Atividades criativas 2. Crochê 3. Trabalhos manuais I. Título.

10-10451 CDD-746.434

Índice para catálogo sistemático:
1. Crochê : Artesanato : Trabalhos manuais : Artes 746.434

Edição brasileira – 2011

Direitos em língua portuguesa adquiridos pela:
Editora Manole Ltda.
Av. Ceci, 672 – Tamboré
06460-120 – Barueri – SP – Brasil
Tel.: (11) 4196-6000 – Fax: (11) 4196-6021
www.manole.com.br
info@manole.com.br

Impresso em Cingapura
Printed in Singapore

Sumário

Fofos, Fofos, Fofos

Bem-vindo ao Mundo Maravilhoso dos Amigurumis

O que é um amigurumi?

A palavra *amigurumi* é uma combinação das palavras *ami* e *nuigurumi*. *Ami* significa "tricotar/trançar" em japonês e *nuigurumi* significa "brinquedo com enchimento". Junte as duas e você terá um brinquedo feito de crochê.

Ninguém sabe realmente de onde vieram os amigurumis. Sempre existiram brinquedos feitos à mão no Japão. O Japão tem uma história rica na área têxtil, como se vê pela criação dos Kimonos, a vestimenta tradicional japonesa, mas não há registro anterior de trabalhos em tricô ou crochê. Os japoneses simplesmente adotaram essas formas de artesanato ocidental e, em vez de as usarem na confecção de itens puramente funcionais como meias e cachecóis, começaram a fazer bichinhos. Hoje em dia existem centenas de exposições e clubes de amigurumis, não apenas no Japão, mas em todo o mundo.

O surgimento dos amigurumis pode ter sido fortemente influenciado pela tradicional cultura japonesa de bonecas, que tem uma longa história. O festival de bonecas Hina Matsuri, ou "Dia das Meninas", é celebrado anualmente no dia 3 de março, na estação do pêssego. As bonecas Odairi-sama/Ohina-sama, representando o Imperador e a Imperatriz, são expostas durante o festival por cada família com uma filha para garantir um futuro feliz a ela. Esse conjunto de bonecas costuma ser passado de geração a geração com amor, respeito e história. Os meninos também têm um festival de bonecas especial em maio.

As bonecas ficam com as crianças japonesas por toda a vida, para alegrar seus espíritos nos momentos de estresse e problema. Os bichinhos amigurumis são uma extensão dessa cultura de bonecas, alegrando os dias cinzentos e trazendo conforto nos momentos mais difíceis.

Os últimos anos testemunharam um florescer de subculturas japonesas pelo mundo. Uma característica particularmente popular desse fenômeno é a cultura *kawaii* japonesa. Uma tradução possível de *kawaii* para o português é "fofo". Da Hello Kitty aos Pokémons, dos Animes ao Mangá, personagens japoneses fofos tomaram o mundo e conquistaram nossos corações e os amigurumis também foram trazidos por essa onda *kawaii*. Pequenos, fofos e fáceis de fazer, como não nos conquistariam?

No Japão, as pessoas gostam de carregar esses bichinhos com elas. Você pode vê-los pendurados em bolsas ao lado de amuletos, ou em cima de computadores ou mesas de trabalho no escritório. Os amigurumis podem nos trazer conforto nessa vida corrida ao dizer secretamente: "Por que você não faz uma pausa e relaxa?"

Qualquer um pode dominar a técnica dos amigurumis, e não há limites para o que você pode criar. Pegue um pouco de linha, algumas agulhas de crochê, sente-se confortavelmente e comece a criar seu próprio mundo de bichinhos.

Materiais e Acessórios

Kit Básico de Crochê

Agulhas de crochê podem ser de uma grande variedade de materiais, de madeira, plástico, aço, ou mesmo marfim. Todas vêm em diferentes tamanhos e formatos. As opções de tamanho podem variar de acordo com o país – o que pode ser confuso –, então sempre verifique as tabelas de conversão para confirmar o tamanho da agulha. Também verifique se o tamanho da agulha é o indicado de acordo com o modelo

Alfinetes de tricô com cabeças grandes (úteis para marcar os formatos)

Agulhas sem ponta para costurar

Marcador de separação de ponto para marcar o começo de cada carreira

Fita métrica

Tesoura afiada

Pinça para ajudar a colocar o enchimento

Agulha de bordar para bordar o rosto e os detalhes

Linha de bordar

Arame para artesanato ou limpador de cachimbo para as partes que precisam de uma estrutura mais firme

Novelos bem enrolados são os melhores para se conseguir um trabalho limpo e organizado

Linha fina de algodão para crochê tem uma textura firme, boa para fazer bicos. Sua largura é dada em números, isto é, 5, 10 e assim por diante. Quanto maior o número, mais fina a linha

Linha de 4 fios é boa de modo geral, especialmente para fazer animais menores

Linha grossa é boa para fazer animais maiores, mas se assegure de que os pontos sejam feitos o mais apertado possível, para que o enchimento não possa ser visto. Você pode conseguir resultados diferentes nos amigurumis dependendo do tamanho ou tipo de linha que usar, mesmo quando estiver trabalhando em cima de um mesmo modelo. Quanto mais grossa a linha, maior será seu amigurumi!

Olhos e narizes de plástico para os detalhes do rosto

Feltro

Pedaços de linha para usar como cachecol ou retalhos para vestir o amigurumi

Técnicas

Lendo as Receitas

Se esta é a primeira vez que você usa modelos de crochê, você pode se sentir como se estivesse aprendendo um novo idioma. No entanto, você logo vai começar a reconhecer as abreviações utilizadas no crochê. As abreviações são para tornar as instruções mais curtas e fáceis de seguir.

Vamos aprender a nova língua do crochê.

Abreviações do Crochê

½ pa	meio ponto alto
alt	alternado
aprox	aproximadamente
aum	aumentar
cm	centímetro(s)
cont	continuar
corr	ponto correntinha
dim	diminuir
ent	entre
inic	início
jt	junto
laç	laçada
mm	milímetro(s)
pt	ponto
pa	ponto alto
pad	ponto alto duplo
pb	ponto baixo
pb2jt	ponto baixo, dois pontos juntos
pbx	ponto baixíssimo
pts	pontos
pul	pular
rep	repetir
seg	seguir/seguinte
*	repetir o passo

Agora é hora de se familiarizar com o mundo um pouco mais complicado dos tamanhos de agulha.

Tanto o sistema métrico tradicional quanto o britânico podem estampar as embalagens das agulhas, por isso é útil saber como converter os tamanhos. Aqui está uma tabela de conversão com os tamanhos de agulhas.

Métrico	Britânico
2,5 mm	12
3 mm	11
3,25 mm	10
3,5 mm	9
4 mm	8
4,25 mm	8
5 mm	6
5,5 mm	5
6 mm	4
7 mm	2
8 mm	0
9 mm	00
10 mm	000
15 mm	000

Como ler um esquema japonês de crochê

No esquema japonês cada ponto é mostrado como segue:

Anel mágico: pequeno círculo no meio de um gráfico circular
Ponto baixo: xis
Ponto correntinha: pequeno oval
Triângulo: aumentar
Triângulo: diminuir
Ponto baixíssimo: oval cheio

Acompanhe o esquema do centro para fora e então passe para a parte não circular do gráfico, se houver uma acima do gráfico circular. Sempre siga o esquema no sentido anti-horário.

Técnicas de Crochê

Fazer crochê é misturar técnicas realmente simples com detalhes mais elaborados. Uma vez tendo dominado o ponto correntinha, você já está pronto para progredir para uma variedade de pontos mais sofisticados.

Segurando a agulha e a linha

Aprender a segurar a agulha e a linha corretamente é o primeiro passo para se fazer crochê. A maioria das pessoas segura a agulha e a linha como se fossem um lápis ou uma faca, mas você precisa experimentar até encontrar a posição mais confortável para você.

Nó corrediço

O nó corrediço é o primeiro passo para o mundo do crochê. Domine a técnica do nó corrediço e você já estará no caminho para um supercrochê!

Faça uma alça com a linha. Com sua agulha pegue a linha que vem do novelo e passe por dentro da alça. Puxe a linha firmemente, segurando a agulha, para apertar o nó e criar sua primeira alça.

Fazendo a correntinha

1. Antes de fazer a correntinha, você precisa fazer um nó corrediço com a agulha. Para fazer a correntinha, segure a ponta solta da linha com a mão esquerda e traga a linha para cima da agulha passando a agulha pela frente, por baixo e, então, ao redor dela.

2. Mantendo a tensão na linha, traga a agulha e a linha através da alça.

3. Passe a linha e a agulha por dentro da alça e comece de novo, garantindo que os pontos fiquem relativamente soltos. Repita até fazer a quantidade de pontos correntinha necessários. Conforme a correntinha aumentar, segure a ponta de baixo para manter a tensão na linha.

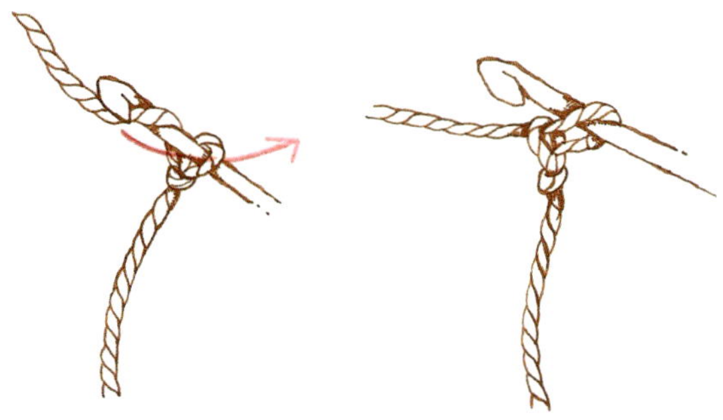

Como contar a correntinha

Para contar os pontos, use o lado da correntinha em que o formato em "V" esteja mais visível e menos torcido, como mostrado. Não conte o ponto baixíssimo original, mas cada "V" como uma correntinha.

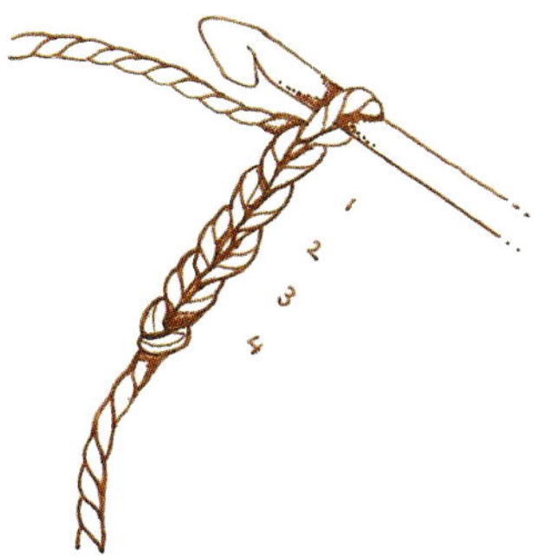

Fazendo um ponto baixíssimo (pbx)

O ponto baixíssimo é usado para juntar um ponto a outro, ou para unir um ponto à outra ponta, como para fechar um círculo, e é geralmente feito pegando dois fios de um ponto. No entanto, quando trabalhado na correntinha inicial, pegue apenas a alça de trás.

1. Passe a agulha por dentro da alça de trás do ponto seguinte e pegue a linha passando-a sobre a agulha (dar uma laçada – laç), como no ponto correntinha.

2. Traga a linha passando-a por dentro das duas alças do ponto e repita.

O Anel Mágico: Trabalhando em círculos

Existem duas formas de começar um trabalho em crochê em formato circular. Uma é com uma correntinha e outra é com uma alça. Uma alça, ou anel mágico, é o modo mais comum para começar um amigurumi. Essa forma de trabalhar em círculo garante que não haja nenhum buraco no meio do trabalho, como pode ocorrer com a correntinha, já que o buraco central é ajustável e pode ser bem apertado.

Fazendo um anel mágico

Essa é a primeira etapa de seu amigurumi, então é importante que você domine essa técnica!

1. Faça um círculo enrolando a linha duas vezes em seu dedo indicador, com a ponta da linha à direita e o novelo à esquerda.

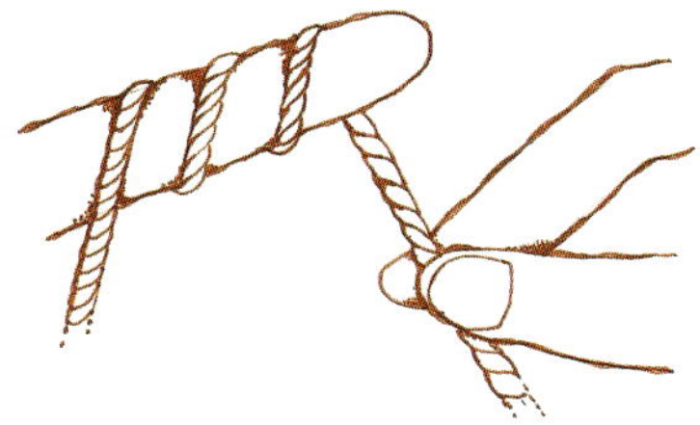

2. Passe a ponta que vem do novelo por dentro do círculo (e prenda o trabalho com sua mão).

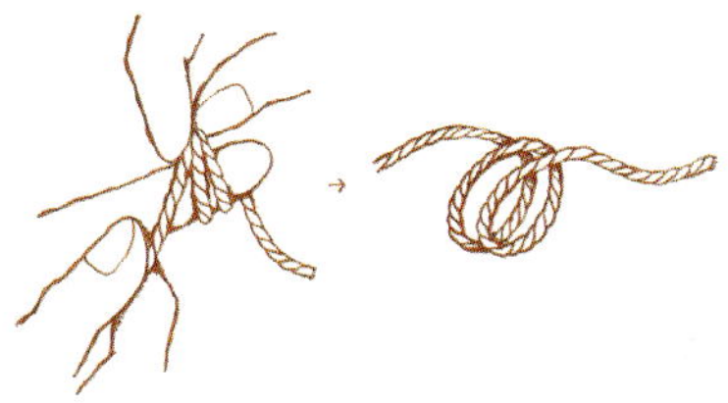

3. Faça uma correntinha passando por dentro do círculo usando a alça que fez para prender o círculo.

4. Faça quantos pb, ou qualquer outro ponto que esteja usando, por dentro do círculo conforme indicado no modelo.

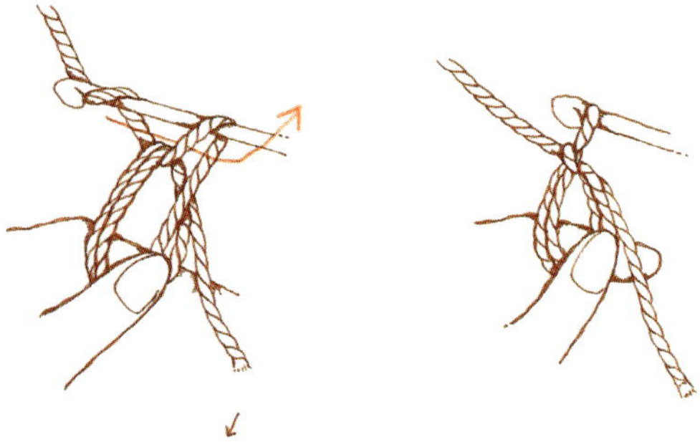

5. Puxe o último ponto o suficiente para ele não desmanchar. Descubra qual alça do círculo deve ser apertada primeiro puxando devagar uma delas.

6. Então puxe essa alça o mais apertado que puder.

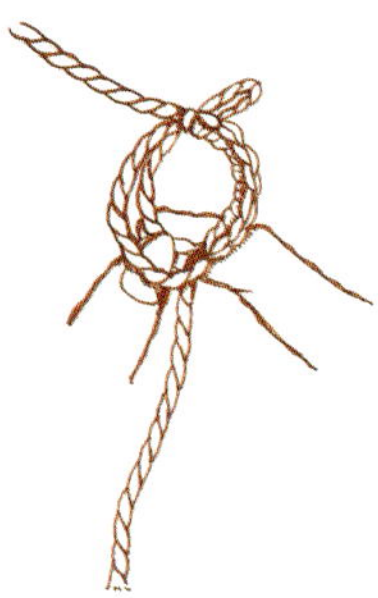

7. Puxe a ponta solta da linha para apertar o círculo todo. Agora você não terá mais um buraco no meio da primeira carreira.

Completando o anel mágico: a primeira carreira

Coloque a agulha no primeiro ponto do anel mágico e puxe a linha de uma só vez.

Esse é o chamado ponto baixíssimo (pbx).

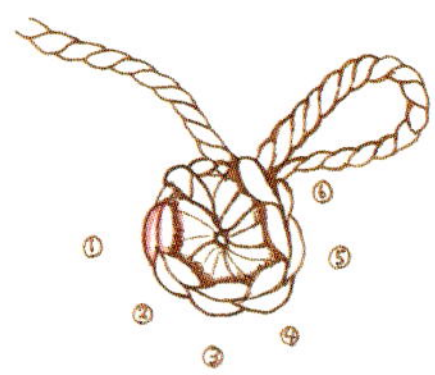

Começando a segunda carreira

Para fazer um círculo plano, você precisa trabalhar ao redor do círculo e ir aumentando os pontos.

1. Faça uma correntinha. Coloque a agulha dentro do primeiro ponto do círculo, dê uma laçada (laç) e passe por dentro da alça. Esse é o ponto baixo (pb), e é a técnica mais utilizada nos amigurumis.

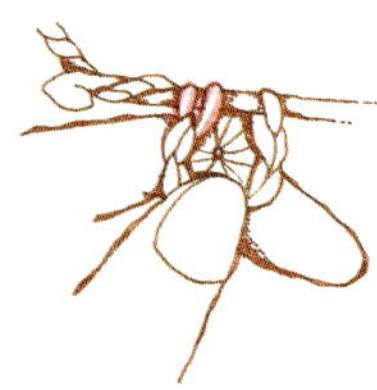

2. Acrescente mais um pb no mesmo ponto. Esse é o chamado aumento (aum).

Repita os passos 1 e 2 para cada ponto e você terminará a segunda carreira com o dobro de pontos.

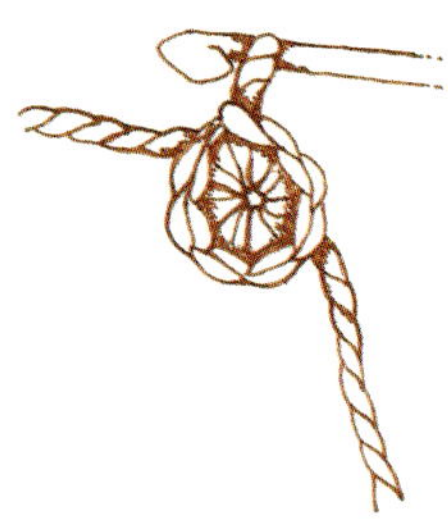

Na segunda carreira, faça o aumento em pontos alternados.

Terceira carreira: 1 pb em cada um dos próximos 2 pontos, e 2 pb no ponto seguinte. Repetir.

Quarta carreira: 1 pb em cada um dos próximos 3 pontos, e 2 pb no ponto seguinte. Repetir.

Quanto mais carreiras você fizer, mais pontos você precisa deixar entre os aumentos.

Fazendo um anel de correntinha

1. Faça uma correntinha tão longa quanto indicado no modelo.

2. Junte a última correntinha com a primeira com um ponto baixíssimo (pbx). Comece a primeira carreira trabalhando em cada ponto correntinha.

Variedade de pontos

Ponto baixo (pb): o ponto mais usado nos amigurumis

1. Passe a agulha, de frente para trás, no próximo ponto. Dê uma laç.

2. Traga a linha para frente passando por dentro de apenas uma alça; nesse momento deve haver duas alças na agulha. Dê uma laç.

3. Traga a linha passando pelas duas alças para completar o ponto baixo.

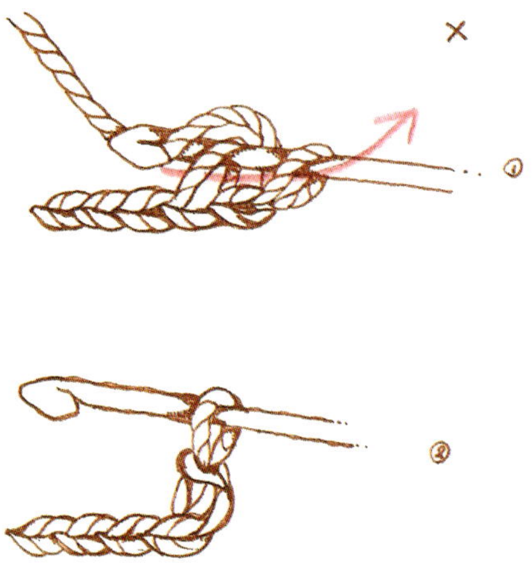

Ponto alto (pa)

Esse ponto deixa a trama mais aberta, já que os pontos são mais altos.

1. Dê uma laçada (laç) de trás para frente. Coloque a agulha no ponto seguinte de frente para trás. Dê mais uma laç e passe pelo ponto.

2. Haverá três alças na agulha. Dê uma laç e passe por dentro de duas alças.

3. Dê uma laç e passe pelas duas últimas alças.

Meio ponto alto (½ pa)

O meio ponto alto é exatamente isso: a metade de um ponto alto. Consequentemente, esse ponto é um pouco mais curto que o pa. No passo 2 do pa, passe a linha por todas as alças que faltam de uma só vez.

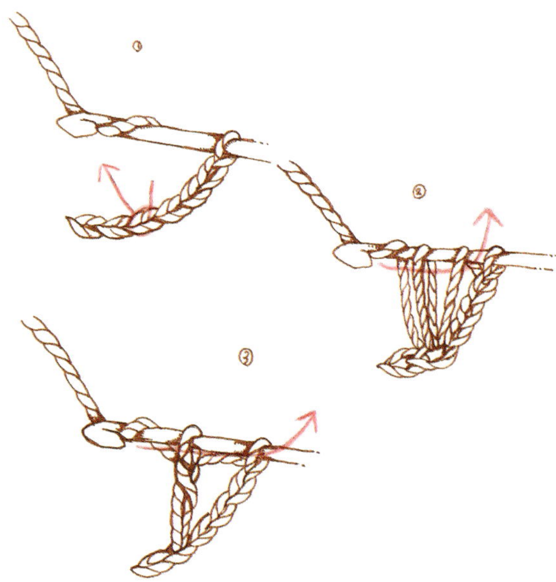

Montando os Bichinhos

Se você quiser que seu bichinho fique perfeito, a montagem é a etapa mais importante e também a mais desafiadora. O segredo para um belo amigurumi é a montagem perfeita.

Aqui vão alguns detalhes que devem ser lembrados:

Quando você arrematar os braços e as pernas, deixe um pedaço longo de linha para juntar as peças. Não coloque essa ponta para dentro.

Junte duas peças tecendo os pontos de cada uma das peças alternadamente e prendendo-os bem firme.

Fazendo o arremate:

1. Após tecer o último ponto, corte a linha do novelo, deixando vários centímetros para a costura.

2. Passe a linha por dentro da última alça, e puxe firme até prender.

Costurando as pontas:

1. Use a agulha para trazer a linha passando por dentro de pelo menos cinco pontos, movendo a linha para cima e para baixo conforme costura para prendê-la e ter certeza que ela não vai escapar.

2. Corte o excesso de linha.

Quando arrematar o bichinho, prenda todas as partes deixando aberturas para colocar o enchimento onde apropriado. Coloque o enchimento até deixar firme, costure os vãos e borde os detalhes como nas ilustrações.

Criando seus Próprios Bichinhos

Este livro contém 25 modelos passo a passo, mas uma vez tendo dominado a técnica e adquirido alguma prática, você pode querer começar a criar seus próprios bichinhos. Não há regras para a criação, você só precisa de um pouco de tempo, paciência e muito entusiasmo. O principal ingrediente é a sua imaginação.

Desenhando

Use o mundo ao seu redor como inspiração.

Comece desenhando qualquer coisa que veja. A inspiração está em toda parte: seu cachorro esperando a ração, sentado e olhando para você com aqueles olhos grandes e redondos, seu gato perseguindo incansavelmente um novelo de linha, ou um hipopótamo no zoológico bocejando sem parar. Desenhe qualquer coisa que ache interessante. Não se preocupe em deixar seus desenhos muito certinhos – essas são apenas ideias para criação e podem ser tão confusas quanto quiser.

Desenvolvendo sua ideia

Depois que tiver alguns desenhos prontos é hora de desenvolver sua ideia! A primeira coisa a fazer é decidir quais características básicas seu bichinho terá, por exemplo, a postura do animal, as cores, a textura, a personalidade e o tamanho. Os animais podem ser tanto realistas quanto estilizados, como preferir. Decidir o formato de seu bichinho é como brincar com blocos de montar!

Praticamente todos os amigurumis são feitos a partir da combinação de algumas formas, que incluem formatos de círculo, de ovo, de salsicha, de meia esfera, amendoado, tubular e muitos outros. Experimente e brinque com as formas até encontrar a combinação certa. Manter uma amostra dessas várias formas em crochê é útil para tal fim.

Criando formas com o crochê circular

Disco plano

Para criar um círculo plano, seja em espiral ou juntando as pontas, faça dois pontos em cada ponto na primeira carreira, depois em um ponto sim outro não na carreira seguinte, então a cada dois pontos na terceira carreira, e assim por diante até alcançar o diâmetro desejado. Você pode trabalhar tanto em espiral, quanto juntando o primeiro e último pontos com um pbx em cada carreira.

Esfera

Para conseguir o formato de esfera, você precisa aumentar o diâmetro. Depois, faça algumas carreiras do mesmo tamanho antes de diminuir. Faça dois pontos em cada ponto na primeira carreira, depois em um ponto sim outro não na carreira seguinte, e a cada dois pontos na terceira carreira. Continue reto por 2 ou 4 carreiras antes de diminuir os pontos. Faça dois pontos juntos a cada dois pontos nessa carreira, então dois pontos juntos em um ponto sim outro não na carreira seguinte, e assim por diante.

Formato de ovo

Para fazer a extremidade mais arredondada do ovo, faça um aumento em cada ponto da primeira carreira, então em pontos alternados na segunda, a cada dois pontos na terceira e a cada três na quarta. Faça uma ou duas carreiras retas e então diminua gradualmente como explicado anteriormente. No entanto, faça uma carreira reta entre cada carreira de diminuição.

Salsicha

É uma técnica similar à da esfera. Após a carreira de aumento inicial, faça carreiras retas até alcançar o comprimento exigido, e então diminua as carreiras como explicado anteriormente.

Meia esfera

Trabalhe como na esfera, mas faça o arremate na metade do trabalho.

Trabalhar em círculo significa que você não vira o trabalho para voltar, o que faz com que você perca a carreira em que está com mais facilidade. Considere utilizar marcadores de separação de ponto para ajudá-lo: eles te lembrarão de onde começou. Existem duas formas de se trabalhar em círculo, você pode trabalhar em espiral, ou juntar o último ponto de cada carreira usando um ponto baixíssimo com o primeiro ponto.

Escolhendo a linha

Experimentar tipos diferentes de linhas e fibras irá ajudá-lo a criar uma interessante variedade de texturas. É uma boa ideia deixar amostras de linha anexadas a seus desenhos com uma fita adesiva. Uma das partes divertidas do processo é descobrir novos materiais para usar.

Expressão facial

Você pode usar a expressão facial nos bichinhos para transmitir uma variedade de emoções e personalidades. Você pode fazê-los parecer felizes, rabugentos ou sonolentos. Não se preocupe em criar traços "realistas"; nos amigurumis, quanto mais exagerado melhor.

Desenhar algumas linhas pequenas no rosto de seu modelo é uma boa forma de decidir o que vai usar. Divida o rosto em 4 partes e experimente posições diferentes para os olhos, nariz e boca. Mudar sutilmente a posição desses traços fará uma diferença surpreendente.

Mudar a proporção do tamanho da cabeça em relação ao tamanho do corpo também pode resultar em mudanças significativas na aparência dos bichinhos.

Capítulo 1

O Mundo dos Animais de Estimação

Filhotes! Orelhas Caídas

Ele é tão fofo com suas enormes orelhas caídas! E você pode deixar suas orelhas tão grandes e caídas quanto quiser.

Materiais

Tamanho da agulha: 3 mm

Olhos: 8 mm

Nariz de plástico

Linha marrom (linha grossa)

Cabeça

Faça um círculo com a ponta da linha à direita e o novelo à esquerda.

Passe a ponta que vem do novelo por dentro do círculo. Faça uma correntinha passando por dentro do círculo usando a alça que fez para prendê-lo. Faça 6 pb por dentro do círculo e complete com um pbx no primeiro pb.

1ª carreira: 2 pb em cada um dos 6 pb (12 pts).

2ª carreira: *1 pb, 2 pb no pb seguinte. *6 vezes (18 pts).

3ª carreira: *1 pb em cada um dos 2 pb seguintes, 2 pb no pb seguinte. *6 vezes (24 pts).

4ª-7ª carreira: 1 pb em cada pb.

8ª carreira: *1 pb em cada um dos 2 pb seguintes, pular 1, 1 pb. *6 vezes (18 pts).

9ª carreira: *1 pb, pular 1, 1 pb. *6 vezes (12 pts).

10ª carreira: *1 pb, pular 1. *6 vezes (6 pts).

Arrematar.

Cauda

Comece da mesma forma que a cabeça, mas com 3 pb.

1ª carreira: 2 pb em cada um dos 3 pb (6 pts).

2ª-10ª carreira: 1 pb em cada pb.

Arrematar.

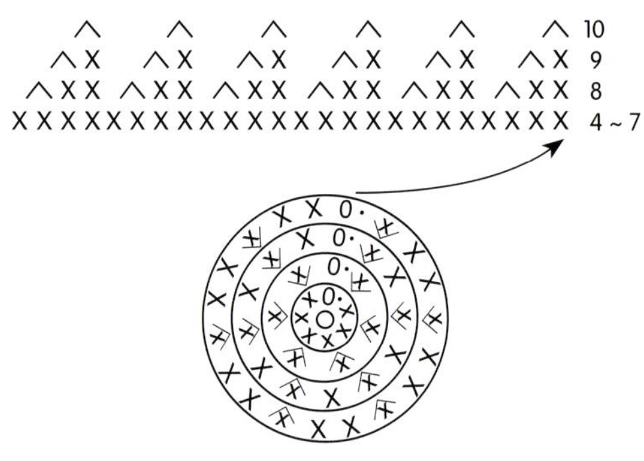

Corpo

Comece da mesma forma que a cabeça.

1ª carreira: 2 pb em cada um dos 6 pb (12 pts).

2ª carreira: *1 pb, 2 pb no pb seguinte. *6 vezes (18 pts).

3ª carreira: *1 pb em cada um dos 2 pb seguintes, 2 pb no pb seguinte. *6 vezes (24 pts).

4ª-8ª carreira: 1 pb em cada pb.

9ª carreira: *1 pb em cada um dos 2 pb seguintes, pular 1, 1 pb. *6 vezes (18 pts).

10ª carreira: *1 pb, pular 1, 1 pb. *6 vezes (12 pts).

11ª carreira: *1 pb, pular 1. *6 vezes (6 pts).

Arrematar.

Orelhas caídas 2x

Comece da mesma forma que a cabeça.

1ª carreira: 2 pb em cada um dos 6 pb (12 pts).

2ª-4ª carreira: 1 pb em cada pb (12 pts).

5ª carreira: *1 pb, 2 pb no pb seguinte. *6 vezes (18 pts).

6ª-7ª carreira: 1 pb em cada pb (18 pts).

8ª carreira: *1 pb em cada um dos 2 pb seguintes, 2 pb no pb seguinte. *6 vezes (24 pts).

9ª-12ª carreira: 1 pb em cada pb.

13ª carreira: *1 pb em cada um dos 2 pb seguintes, pular 1, 1 pb. *6 vezes (18 pts).

14ª-17ª carreira: 1 pb em cada pb (18 pts).

18ª carreira: *1 pb, pular 1, 1 pb. *6 vezes (12 pts).

19ª-20ª carreira: 1 pb em cada pb.

21ª carreira: 1 pb, pular 1. *6 vezes (6 pts).

Arrematar.

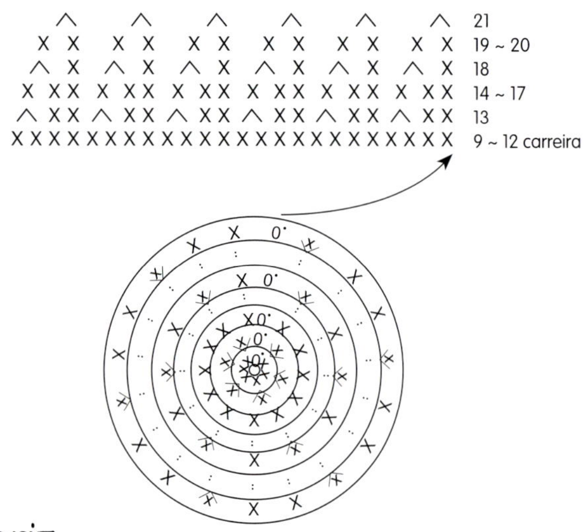

Nariz

Comece da mesma forma que a cabeça, mas com 3 pb.

1ª carreira: 2 pb em cada um dos 3 pb (6 pts).

2ª carreira: *1 pb, 2 pb no pb seguinte. *3 vezes (9 pts).

3ª carreira: *1 pb em cada um dos 2 pb seguintes, 2 pb no pb seguinte *3 vezes (12 pts).

4ª-5ª carreira: 1 pb em cada pb (12 pts).

Arrematar.

Patas (traseiras) 2x

Comece da mesma forma que a cabeça.

1ª carreira: 2 pb em cada um dos 5 pb (10 pts).

2ª carreira: *1 pb, 2 pb no pb seguinte. *5 vezes (15 pts).

3ª carreira: 1 pb em cada pb (15 pts).

4ª carreira: *1 pb em cada um dos 3 pb seguintes, pular 1, 1 pb. *3 vezes (12 pts).

5ª-7ª carreira: 1 pb em cada pb (12 pts).

8ª carreira: *1 pb em cada um dos 3 pb seguintes, 2 pb no pb seguinte. *3 vezes (15 pts).

9ª carreira: *1 pb em cada um dos 2 pb seguintes, 2 pb no pb seguinte. *5 vezes (20 pts).

10ª-12ª carreira: 1 pb em cada pb (20 pts).

13ª carreira: *1 pb em cada um dos 2 pb seguintes, pular 1, 1 pb. *5 vezes (15 pts).

14ª carreira: *1 pb, pular 1, 1 pb. *5 vezes (10 pts).

15ª carreira: *1 pb, pular 1. *5 vezes (5 pts).

Arrematar.

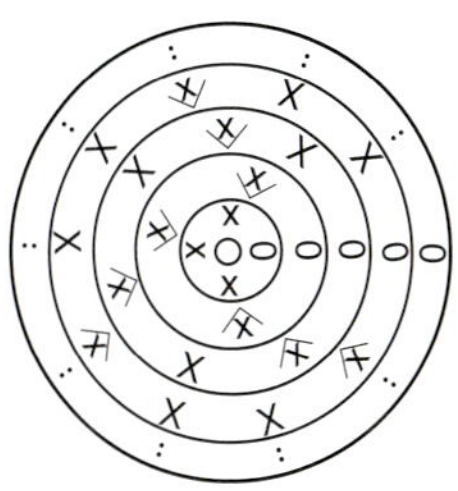

Patas (da frente) 2x

Comece da mesma forma que a cabeça, mas com 5 pb.

1ª carreira: 2 pb em cada um dos 5 pb (10 pts).

2ª carreira: *1 pb, 2 pb no pb seguinte. *5 vezes (15 pts).

3ª-5ª carreira: *1 pb em cada pb (15 pts).

6ª carreira: *1 pb em cada um dos 3 pb seguintes, pular 1, 1 pb. *3 vezes (12 pts).

7ª-12ª carreira: 1 pb em cada pb (12 pts).

13ª carreira: *1 pb, pular 1. *6 vezes (6 pts).

Arrematar.

Chapéu

Use linha vermelha.

Comece fazendo 3 pts dentro do anel juntando o primeiro e o último pontos com um pbx.

1ª carreira: 2 pts em cada um dos 6 pb (12 pts).

2ª carreira: 1 pt em cada ponto.

3ª carreira: 1 pb, pular 1. *6 vezes (6 pts).

Arrematar.

Cachecol

Faça corr no comprimento do cachecol que seu filhote queira usar.

Continue a carreira seguinte com pb. Faça quantas carreiras forem necessárias para atingir a largura desejada.

Arrematar.

Montagem

Costure todas as partes ao corpo.

Costure o chapéu e o cachecol.

Coloque o nariz e os olhos.

Filhotes!
Pelúcia Macia

Com sua pelúcia macia esse filhote é ótimo para acariciar. Use linha mohair fina para deixá-lo superfofo.

Materiais

Tamanho da agulha: 3 mm

Olhos: 8 mm

Linha mohair branca

Linha mohair marrom para as manchas

Nariz de plástico e fita

Cabeça

Faça um círculo com a ponta da linha à direita e o novelo à esquerda.

Passe a ponta que vem do novelo por dentro do círculo. Faça uma correntinha passando por dentro do círculo usando a alça que fez para prendê-lo. Faça 6 pb por dentro do círculo e complete com um pbx no primeiro pb.

1ª carreira: 2 pb em cada um dos 6 pb (12 pts) com linha branca.

2ª carreira: *1 pb, 2 pb no pb seguinte. *6 vezes (18 pts). Duas vezes com linha branca, uma vez com a marrom, mais uma vez com a branca, mais uma vez com a marrom, e termine com a branca para o último ponto.

3ª carreira: *1 pb em cada um dos 2 pb seguintes, 2 pb no pb seguinte. *6 vezes (24 pts). Continue trocando a cor quando chegar na posição onde mudou as cores na carreira anterior.

4ª-7ª carreira: 1 pb em cada pb.

8ª carreira: *1 pb em cada um dos 3 pb seguintes, 2 pb no pb seguinte. *6 vezes (30 pts).

9ª carreira: *1 pb em cada um dos 4 pb seguintes, 2 pb no pb seguinte. *6 vezes (36 pts). Pare com o marrom e continue apenas com o branco.

10ª-11ª carreira: 1 pb em cada pb.

12ª carreira: *1 pb em cada um dos 4 pb seguintes, pular 1, 1 pb. *6 vezes (30 pts).

13ª carreira: *1 pb em cada um dos 3 pb seguintes, pular 1, 1 pb. *6 vezes (24 pts).

14ª carreira: *1 pb em cada um dos 2 pb seguintes, pular 1, 1 pb. *6 vezes (18 pts).

15ª carreira: *1 pb, pular 1, 1 pb. *6 vezes (12 pts).

16ª carreira: *1 pb, pular 1. *6 vezes (6 pts).

Arrematar.

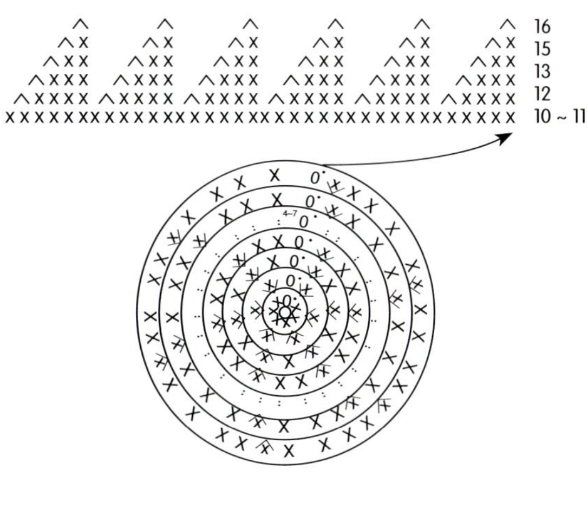

Corpo

Faça um círculo com a ponta da linha à direita e o novelo à esquerda.

Passe a ponta que vem do novelo por dentro do círculo. Faça uma correntinha passando por dentro do círculo usando a alça que fez para prendê-lo. Faça 6 pb por dentro do círculo e complete com um pbx no primeiro pb.

1ª carreira: 2 pb em cada um dos 6 pb (12 pts).

2ª carreira: *1 pb, 2 pb no pb seguinte. *6 vezes (18 pts).

3ª carreira: *1 pb em cada um dos 2 pb seguintes, 2 pb no pb seguinte. *6 vezes (24 pts).

4ª carreira: *1 pb em cada um dos 3 pb seguintes, 2 pb no pb seguinte. *6 vezes (30 pts).

5ª-8ª carreira: 1 pb em cada pb.

9ª carreira: *1 pb em cada um dos 3 pb seguintes, pular 1, 1 pb. *6 vezes (24 pts).

10ª carreira: *1 pb em cada um dos 2 pb seguintes, pular 1, 1 pb. *6 vezes (18 pts).

11ª carreira: *1 pb, pular 1. 1 pb. *6 vezes (12 pts).

12ª carreira: *1 pb, pular 1. *6 vezes (6 pts).

Arrematar.

Patas 4x

Comece da mesma forma que a cabeça.

1ª carreira: 2 pb em cada um dos 6 pb (12 pts).

2ª carreira: *1 pb. 2 pb no pb seguinte. *6 vezes (18 pts).

3ª-10ª carreira: 1 pb em cada pb.

11ª carreira: *1 pb, pular 1, 1 pb. *6 vezes (12 pts).

12ª carreira: *1 pb, pular 1. *6 vezes (6 pts).

Arrematar.

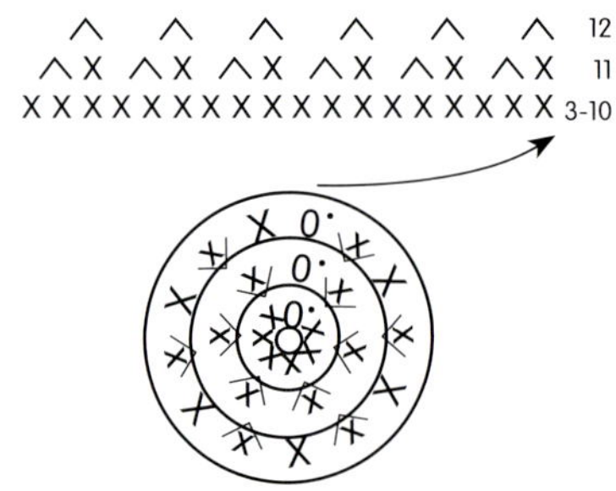

Orelhas 2x

Comece da mesma forma que a cabeça, mas com 4 pb.

1ª carreira: 2 pb em cada um dos 4 pb (8 pts).

2ª-10ª carreira: 1 pb em cada pb.

Arrematar.

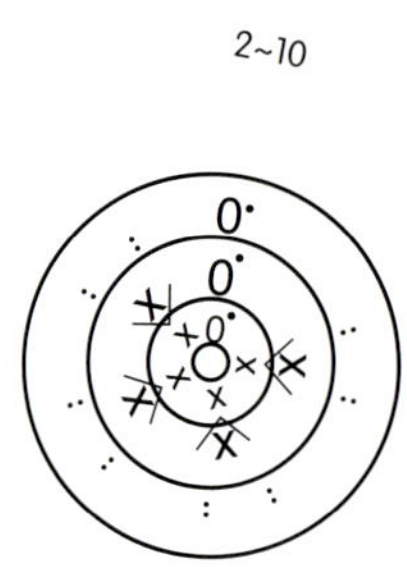

Nariz

Comece da mesma forma que a cabeça.

1ª carreira: 2 pb em cada um dos 6 pb (12 pts).

2ª carreira: *1 pb, 2 pb no pb seguinte. *6 vezes (18 pts).

3ª-5ª carreira: 1 pb em cada pb.

Arrematar.

Cauda

Comece da mesma forma que a cabeça, mas com 3 pb.

1ª carreira: 2 pb em cada um dos 3 pb (6 pts).

2ª-10ª carreira: 1 pb em cada pb.

Arrematar.

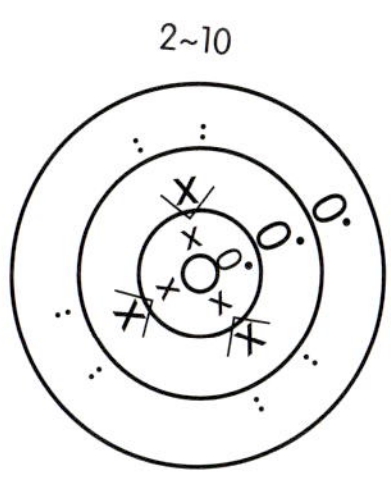

Montagem

Costure todas as partes como na foto.

Coloque o nariz e os olhos.

Amarre a fita da cor que escolher.

Filhotes!

Balançando a Cauda

Esse filhote de cauda comprida está sempre feliz em te ver. Coloque uma cor de lenço diferente nele todos os dias para variar.

Materiais

Tamanho da agulha: 3 mm

Olhos: 6 mm

Linha creme ou bege para o corpo

Linha branca para o nariz

Tecido para o lenço

Cabeça

Faça um círculo com a ponta da linha à direita e o novelo à esquerda.

Passe a ponta que vem do novelo por dentro do círculo. Faça uma correntinha passando por dentro do círculo usando a alça que fez para prendê-lo. Faça 6 pb por dentro do círculo e complete com um pbx no primeiro pb.

1ª carreira: 2 pb em cada um dos 6 pb (12 pts).

2ª carreira: *1 pb, 2 pb no pb seguinte. *6 vezes (18 pts).

3ª carreira: *1 pb em cada um dos 2 pb seguintes, 2 pb no pb seguinte. *6 vezes (24 pts).

4ª carreira: *1 pb em cada um dos 3 pb seguintes, 2 pb no pb seguinte. *6 vezes (30 pts).

5ª carreira: *1 pb em cada um dos 4 pb seguintes, 2 pb no pb seguinte. *6 vezes (36 pts).

6ª-10ª carreira: 1 pb em cada pb.

11ª carreira: *1 pb em cada um dos 4 pb seguintes, pular 1, 1 pb. *6 vezes (30 pts).

12ª carreira: *1 pb em cada um dos 3 pb seguintes, pular 1, 1 pb. *6 vezes (24 pts).

13ª carreira: *1 pb em cada um dos 2 pb seguintes, pular 1, 1 pb. *6 vezes (18 pts).

14ª carreira: *1 pb, pular 1, 1 pb. *6 vezes (12 pts).

15ª carreira: *1 pb, pular 1. *6 vezes (6 pts).

Arrematar.

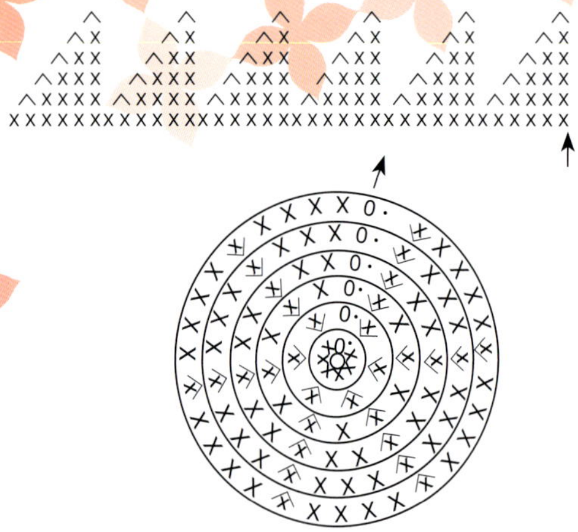

Corpo

Comece da mesma forma que a cabeça.

1ª carreira: 2 pb em cada um dos 6 pb (12 pts).

2ª carreira: *1 pb, 2 pb no pb seguinte. *6 vezes (18 pts).

3ª carreira: *1 pb em cada um dos 2 pb seguintes, 2 pb no pb seguinte. *6 vezes (24 pts).

4ª-9ª carreira: 1 pb em cada pb.

10ª carreira: *1 pb em cada um dos 2 pb seguintes, pular 1, 1 pb. *6 vezes (18 pts).

11ª carreira: *1 pb, pular 1, 1 pb. *6 vezes (12 pts).

12ª carreira: *1 pb, pular 1. *6 vezes (6 pts).

Arrematar.

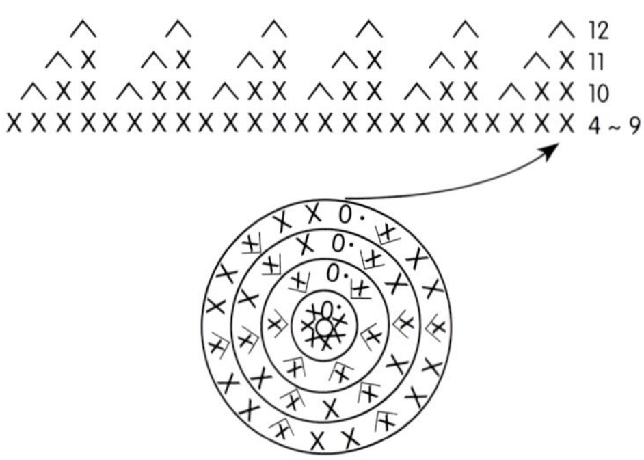

Orelhas 2x

Comece da mesma forma que a cabeça, mas com 4 pb.

1ª carreira: 2 pb em cada um dos 4 pb (8 pts).

2ª carreira: *1 pb. 2 pb no pb seguinte. *4 vezes (12 pts).

3ª-4ª carreira: 1 pb em cada pb.

Arrematar.

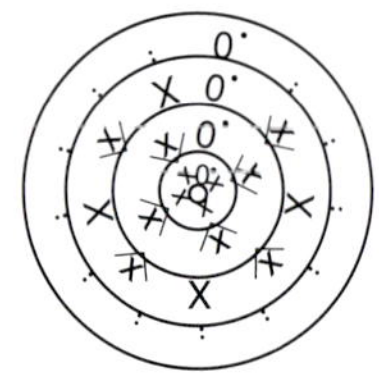

Patas 4x

Comece da mesma forma que a cabeça, mas com 5 pb.

1ª carreira: 2 pb em cada um dos 5 pb (10 pts).

2ª-7ª carreira: 1 pb em cada pb.

8ª carreira: *1 pb, pular 1. *5 vezes (5 pts).

Arrematar.

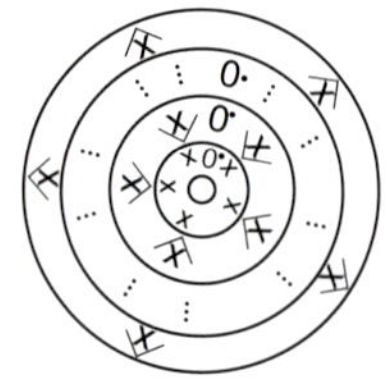

Cauda

Comece da mesma forma que a cabeça, mas com 3 pb.

1ª carreira: 2 pb em cada um dos 3 pb (6 pts).

2ª-10ª carreira: 1 pb em cada pb.

Arrematar.

Montagem

Costure todas as partes como na foto.

Borde a boca e o nariz com linha de bordar preta.

Coloque os olhos.

Costure o lenço.

Nariz

Comece da mesma forma que a cabeça. Use linha branca.

1ª carreira: 2 pb em cada um dos 6 pb (12 pts).

2ª-3ª carreira: 1 pb em cada pb.

Arrematar.

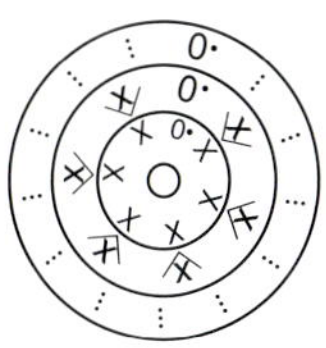

Gatinha Fofa

Essa gatinha é tão pequena que cabe numa xícara de chá! Como poderi ser mais fofa? Escolha uma lã macia e de cor creme para fazer a gatinh

Materiais

Tamanho da agulha: 3 mm

Olhos: 8 mm

Botão redondo rosa para o nariz

Linha creme (linha grossa)

Cabeça

Faça um círculo com a ponta da linha à direita e o novelo à esquerda.

Passe a ponta que vem do novelo por dentro do círculo. Faça uma correntinha passando por dentro do círculo usando a alça que fez para prendê-lo. Faça 6 pb por dentro do círculo e complete com um pbx no primeiro pb.

1ª carreira: 2 pb em cada um dos 6 pb (12 pts).

2ª carreira: *1 pb, 2 pb no pb seguinte. *6 vezes (18 pts).

3ª carreira: *1 pb em cada um dos 2 pb seguintes, 2 pb no pb seguinte. *6 vezes (24 pts).

4ª carreira: *1 pb em cada um dos 3 pb seguintes, 2 pb no pb seguinte. *6 vezes (30 pts).

5ª-9ª carreira: 1 pb em cada pb.

10ª carreira: *1 pb em cada um dos 3 pb seguintes, pular 1, 1 pb. *6 vezes (24 pts).

11ª carreira: *1 pb em cada um dos 2 pb seguintes, pular 1, 1 pb. *6 vezes (18 pts).

12ª carreira: *1 pb, pular 1, 1 pb. *6 vezes (12 pts).

13ª carreira: *1 pb, pular 1. *6 vezes (6 pts).

Arrematar.

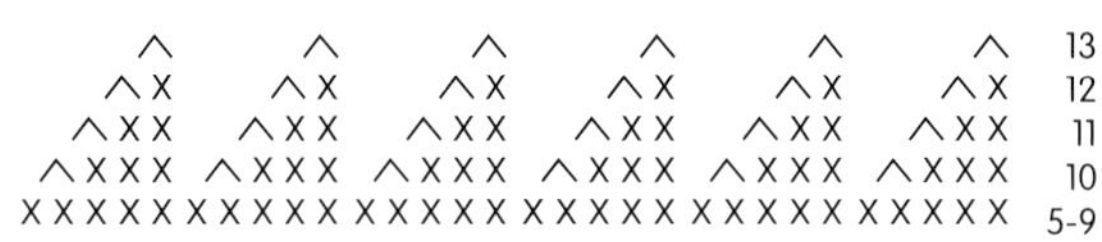

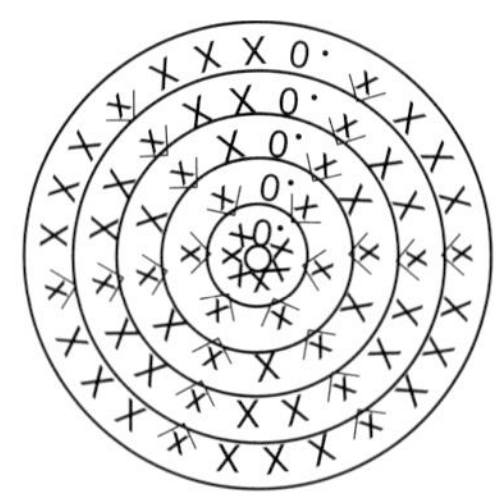

Corpo

Começar com 6 pb no círculo, como fez para a cabeça.

1ª carreira: 2 pb em cada um dos 6 pb (12 pts).

2ª carreira: *1 pb, 2 pb no pb seguinte. *6 vezes (18 pts).

3ª carreira: *1 pb em cada um dos 2 pb seguintes, 2 pb no pb seguinte. *6 vezes (24 pts).

4ª-8ª carreira: 1 pb em cada pb.

9ª carreira: *1 pb em cada um dos 2 pb seguintes, pular 1, 1 pb. *6 vezes (18 pts).

10ª-11ª carreira: 1 pb em cada pb.

12ª carreira: *1 pb, pular 1, 1 pb. *6 vezes (12 pts).

Arrematar.

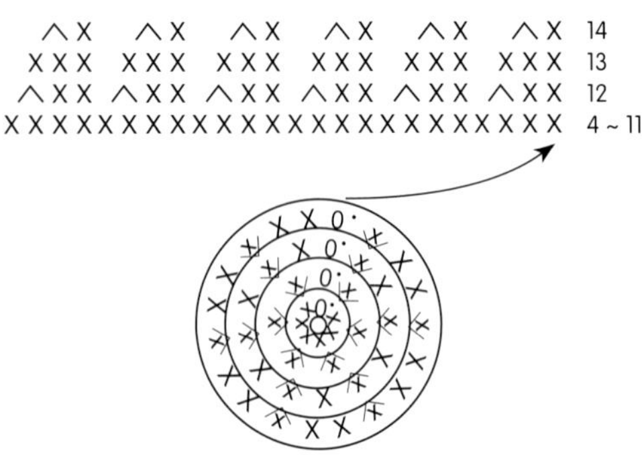

Orelhas 2x

Começar com 3 pb no círculo, como fez para a cabeça.

1ª carreira: 2 pb em cada um dos 3 pb (6 pts).

2ª carreira: *1 pb, 2 pb no pb seguinte. *3 vezes (9 pts).

3ª carreira: *1 pb em cada um dos 2 pb seguintes, 2 pb no pb seguinte. *3 vezes (12 pts).

Arrematar.

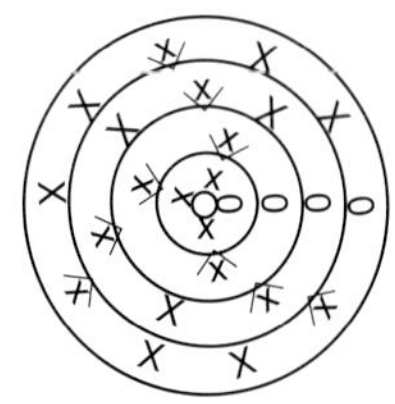

Cauda

Começar com 5 pb no círculo.

1 pb em cada um dos 5 pb até chegar a 5 cm.

Arrematar.

Montagem

Costure todas as partes como na foto.

Coloque os olhos e o nariz.

Borde a boca com linha de bordar rosa.

Gatinha Sapeca

Quando vê um novelo de lã, Kitty não consegue se controlar, ela fica louca e às vezes acaba ficando toda enrolada. Se você não gosta de vermelho, pode usar azul, amarelo, verde, ou roxo para fazer o novelo da Kitty.

Materiais

Tamanho da agulha: 3 mm

Olhos: 8 mm

Botão redondo rosa para o nariz

Linha cinza (linha grossa)

Cabeça

Use linha cinza.

Faça um círculo com a ponta da linha à direita e o novelo à esquerda.

Passe a ponta que vem do novelo por dentro do círculo. Faça uma correntinha passando por dentro do círculo usando a alça que fez para prendê-lo. Faça 6 pb por dentro do círculo e complete com um pbx no primeiro pb.

1ª carreira: 2 pb em cada um dos 6 pb (12 pts).

2ª carreira: *1 pb, 2 pb no pb seguinte. *6 vezes (18 pts).

3ª carreira: *1 pb em cada um dos 2 pb seguintes, 2 pb no pb seguinte. *6 vezes (24 pts).

4ª carreira: *1 pb em cada um dos 3 pb seguintes, 2 pb no pb seguinte. *6 vezes (30 pts).

5ª carreira: *1 pb em cada um dos 4 pb seguintes, 2 pb no pb seguinte. *6 vezes (36 pts).

6ª-9ª carreira: 1 pb em cada pb.

10ª carreira: *1 pb em cada um dos 4 pb seguintes, pular 1, 1 pb. *6 vezes (30 pts).

11ª carreira: *1 pb em cada um dos 3 pb seguintes, pular 1, 1 pb. *6 vezes (24 pts).

12ª carreira: *1 pb em cada um dos 2 pb seguintes, pular 1, 1 pb. *6 vezes (18 pts).

13ª carreira: *1 pb, pular 1, 1 pb. *6 vezes (12 pts).

14ª carreira: *1 pb, pular 1. *6 vezes (6 pts).

Arrematar.

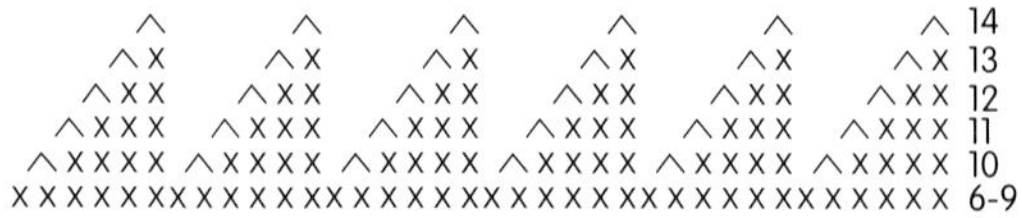

Corpo

Comece da mesma forma que a cabeça.

1ª carreira: 2 pb em cada um dos 6 pb (12 pts).

2ª carreira: *1 pb, 2 pb no pb seguinte. *6 vezes (18 pts).

3ª carreira: *1 pb em cada um dos 2 pb seguintes, 2 pb no pb seguinte. *6 vezes (24 pts).

4ª-7ª carreira: 1 pb em cada pb.

8ª carreira: *1 pb em cada um dos 4 pb seguintes, pular 1, 1 pb. *4 vezes (20 pts).

9ª-16ª carreira: 1 pb em cada pb.

17ª carreira: *1 pb em cada um dos 2 pb seguintes, pular 1, 1 pb. *5 vezes (15 pts).

18ª-19ª carreira: 1 pb em cada pb.

20ª carreira: *1 pb, pular 1, 1 pb. *5 vezes (10 pts).

21ª carreira: *1 pb, pular 1. *5 vezes (5 pts).

Arrematar.

```
    ∧        ∧        ∧        ∧        ∧   21
   ∧X       ∧X       ∧X       ∧X       ∧X   20
  XXX      XXX      XXX      XXX      XXX   18-19
  ∧XX      ∧XX      ∧XX      ∧XX      ∧XX   17
 XXXX     XXXX     XXXX     XXXX     XXXX   9-16
 ∧XXX     X∧XX     XX∧X     XXX∧     XXXX   8
XXXXX    XXXXX    XXXXX    XXXXX     XXXX   4-7
```

Patas 4x

Comece com 5 pb em volta do círculo, como começou com a cabeça e o corpo.

1ª carreira: 2 pb em cada pb (10 pts).

2ª-15ª carreira: 1 pb em cada pb.

16ª carreira: *pular 1, 1 pb. *5 vezes (5 pts).

Arrematar.

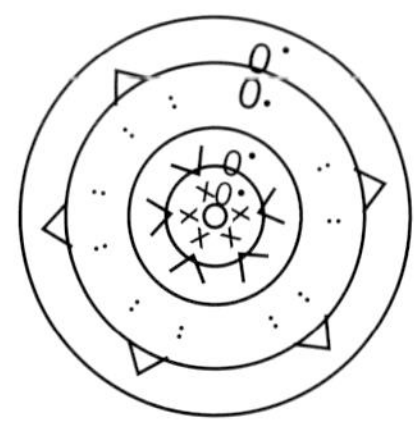

Cauda

Comece da mesma forma, mas com 4 pb ao redor do círculo no início.

1ª carreira: 2 pb em cada pb (8 pts).

2ª carreira: *1 pb em cada pb até que fique longa o bastante.

3ª carreira: *pular 1, 1 pb. *4 vezes.

Arrematar.

Orelhas 2x

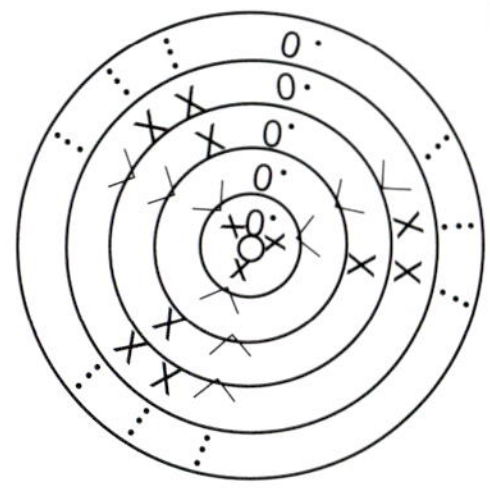

Começar com 3 pb no círculo, como fez para a cabeça.

1ª carreira: 2 pb em cada um dos 3 pb (6 pts).

2ª carreira: *1 pb, 2 pb no pb seguinte. *3 vezes (9 pts).

3ª carreira: *1 pb em cada um dos 2 pb seguintes, 2 pb no pb seguinte. *3 vezes (12 pts).

4ª-5ª carreira: 1 pb em cada pb.

Arrematar.

Montagem

Costure todas as partes como na foto.

Coloque os olhos.

Borde o nariz e a boca com linha de bordar amarela, e os dedos com linha de bordar preta.

Pássaros Pintando o Sete

Esses periquitos são muito sapecas. Ficam voando pela casa e apron-tando de tudo e agora fingem que são bonzinhos sentados quietinhos no poleiro. Divirta-se fazendo uma porção deles nas mais variadas cores.

Materiais

Tamanho da agulha: 3 mm

Olhos: 6 mm

Linha amarela ou azul claro para a cabeça

Linha verde ou roxa para o corpo

Linha amarela fina de algodão para crochê para o bico

Linha de bordar preta/rosa/azul

Corpo **as cores entre parênteses são opcionais**

Use linha amarela (azul claro).

Faça um círculo com a ponta da linha à direita e o novelo à esquerda.

Passe a ponta que vem do novelo por dentro do círculo. Faça uma correntinha passando por dentro do círculo usando a alça que fez para prendê-lo. Faça 6 pb por dentro do círculo e complete com um pbx no primeiro pb.

1ª carreira: 2 pb em cada um dos 6 pb (12 pts).

2ª carreira: *1 pb, 2 pb no pb seguinte. *6 vezes (18 pts).

3ª carreira: *1 pb em cada um dos 2 pb seguintes, 2 pb no pb seguinte. *6 vezes (24 pts).

4ª-8ª carreira: 1 pb em cada pb.

9ª carreira: Mude a cor para verde claro (roxo). 1 pb em cada pb.

10ª carreira: *1 pb em cada um dos 3 pb seguintes, 2 pb no pb seguinte. *6 vezes (30 pts).

11ª -19ª carreira: 1 pb em cada pb.

(Parte da cauda)

20ª carreira: 1 pb nos próximos 12 pb.

21ª carreira: 1 corr, 2 pb jt, 1 pb em cada pb exceto nos 2 últimos pb, 2 pb jt (10 pts).

22ª carreira: 1 corr para começar, 1 pb até o fim.

23ª carreira: 1 corr, 2 pb jt, 1 pb em cada pb exceto nos 2 últimos pb, 2 pb jt (8 pts).

24ª carreira: 1 corr para começar, 1 pb até o fim.

25ª carreira: 1 corr, 2 pb jt, 1 pb em cada pb exceto nos 2 últimos pb, 2 pb jt (6 pts).

26ª carreira: 1 corr para começar, 1 pb até o fim.

27ª carreira: 1 corr, 2 pb jt, 1 pb no pb seguinte, exceto nos 2 últimos pb, 2 pb juntos (4 pts).

28ª-30ª carreira: 1 corr para começar, 1 pb até o fim.

31ª carreira: 2 pb em cada pb.

32ª-35ª carreira: 1 corr, 1 pb.

36ª carreira: 2 pb jt.

Arrematar.

Volte a trabalhar no círculo para o resto do corpo.

Prenda a linha no 1º pt da cauda e faça 1 pb em cada ponto até o final. Continue trabalhando no círculo.

20ª carreira: 1 pb em cada pb.

21ª carreira: *1 pb em cada um dos 3 pb seguintes, pular 1, 1 pb. *6 vezes (24 pts).

22ª carreira: *1 pb em cada um dos 2 pb seguintes, pular 1, 1 pb. *6 vezes (18 pts).

23ª carreira: *1 pb, pular 1, 1 pb. *6 vezes (12 pts).

24ª carreira: *1 pb, pular 1. *6 vezes (6 pts).

Arrematar.

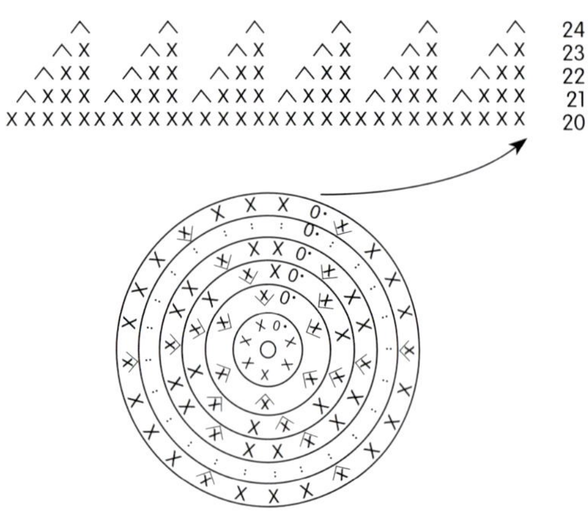

Parte da cauda

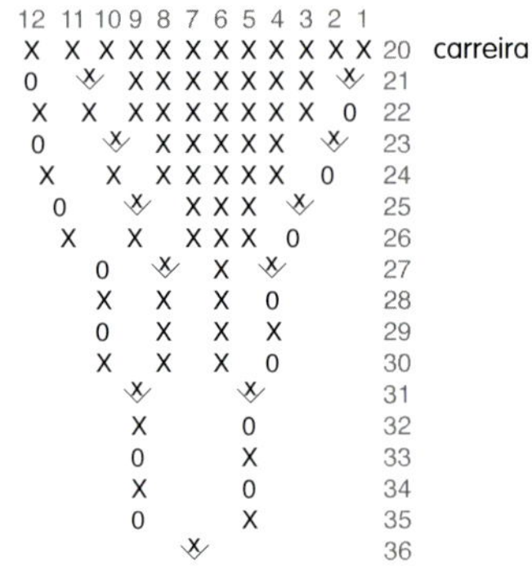

Asas

Parte A 2x

Comece da mesma forma que o corpo. Use linha amarela (azul claro).

1ª carreira: 2 pb em cada um dos 6 pb (12 pts).

2ª carreira: Faça 1 corr para começar. 1 pb no primeiro pb. 2 pb em cada um dos 4 pb seguintes, 1 pb no pb seguinte, juntar ao primeiro pb com um pbx.

3ª carreira: Faça 1 corr, 1 pb nos 2 pb seguintes, 2 pb em cada um dos 6 pb seguintes, 1 pb nos 2 pb seguintes, juntar ao primeiro pb com um pbx.

4ª e 5ª carreira: 1 pb em cada pb.

Arrematar.

Parte A

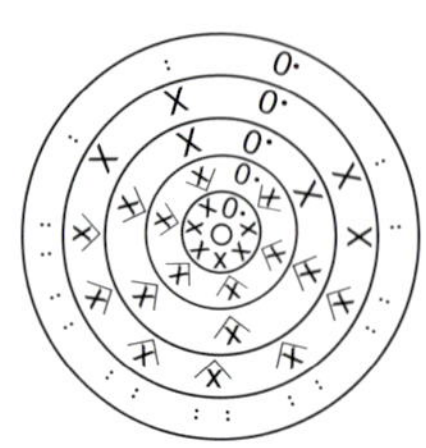

Parte B 4x

Use linha verde claro (roxa). Comece da mesma forma que o corpo.

1ª carreira: 2 pb em cada um dos 6 pb (12 pts).

2ª carreira: Faça 1 corr para começar. 1 pb no primeiro pb. 2 pb em cada um dos 4 pb seguintes, 1 pb no pb seguinte, juntar ao primeiro pb com um pbx.

3ª carreira: Faça 1 corr, 1 pb nos 2 pb seguintes, 2 pb em cada um dos 6 pb seguintes, 1 pb nos 2 pb seguintes, juntar ao primeiro pb com um pbx.

4ª carreira: 1 corr, 1 pb em cada um dos 4 pb seguintes, 2 pb em cada um dos 8 pb seguintes, 1 pb em cada um dos 4 pb seguintes, juntar ao primeiro pb com um pbx.

5ª carreira: Faça 1 corr, 1 pb em cada um dos 6 pb seguintes, 2 pb no pb seguinte, 1 pb em cada um dos 4 pb seguintes, 2 pb nos 2 pb seguintes, 1 pb em cada um dos 4 pb seguintes, 2 pb no pb seguinte, 1 pb em cada um dos 6 pb seguintes, juntar ao primeiro pb com um pbx.

Arrematar.

Costure esse círculo dobrado ao meio.

Parte B

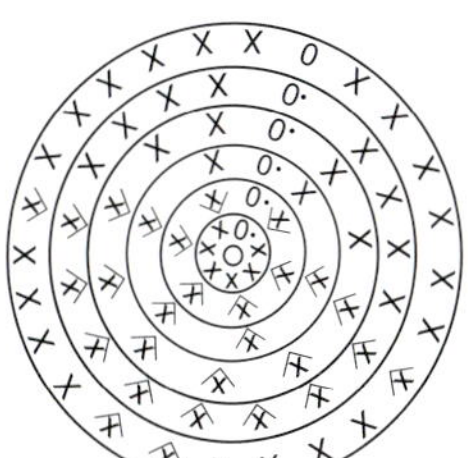

Bico

Tamanho da agulha: 2 mm

Use linha fina de crochê. Comece da mesma forma de sempre, mas com 3 pb no círculo.

1ª carreira: 2 pb em cada um dos 3 pb (6 pts).

2ª carreira: *1 pb, 2 pb no pb seguinte. *3 vezes (9 pts).

3ª-5ª carreira: 1 pb em cada pb.

Arrematar.

Montagem

Costure as asas no corpo.

Coloque os olhos.

Borde os pés com linha amarela e os pontinhos no rosto com linha preta para deixar seus periquitos superfofos!

Coelhinhos Saltitantes

Esses doces coelhinhos gostam de distribuir ovos de chocolate na Páscoa, mas mais do que isso, eles adoram comê-los! Divirta-se fazendo suas orelhas caídas e suas barrigas redondinhas.

Materiais

Tamanho da agulha: 3 mm

Olhos: 8 mm

Linha creme (linha grossa)

Linha cinza (linha grossa)

Mohair branco

Linha de bordar preta

Cabeça

Use linha creme.

Faça um círculo com a ponta da linha à direita e o novelo à esquerda.

Passe a ponta que vem do novelo por dentro do círculo. Faça uma correntinha passando por dentro do círculo usando a alça que fez para prendê-lo. Faça 6 pb por dentro do círculo e complete com um pbx no primeiro pb.

1ª carreira: 2 pb em cada um dos 6 pb (12 pts).

2ª carreira: *1 pb, 2 pb no pb seguinte. *6 vezes (18 pts). Comece a usar a linha cinza para fazer as manchas (como no cachorrinho da pág. 28).

3ª carreira: *1 pb em cada um dos 2 pb seguintes, 2 pb no pb seguinte. *6 vezes (24 pts).

4ª carreira: *1 pb em cada um dos 3 pb seguintes, 2 pb no pb seguinte. *6 vezes (30 pts).

5ª-7ª carreira: 1 pb em cada pb.

8ª carreira: *1 pb em cada um dos 3 pb seguintes, pular 1, 1 pb. *6 vezes (24 pts).

9ª carreira: *1 pb em cada um dos 2 pb seguintes, pular 1, 1 pb. *6 vezes (18 pts).

10ª carreira: *1 pb, pular 1, 1 pb. *6 vezes (12 pts).

11ª carreira: *1 pb, pular 1. *6 vezes (6 pts).

Arrematar.

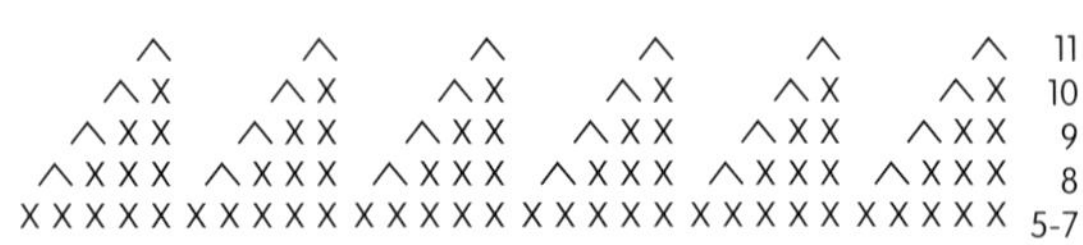

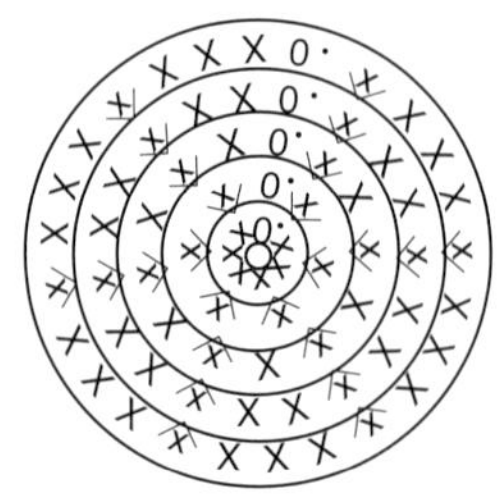

Corpo

Use linha creme.

Comece da mesma forma que a cabeça.

1ª carreira: 2 pb em cada um dos 6 pb (12 pts).

2ª carreira: *1 pb, 2 pb no pb seguinte. *6 vezes (18 pts). Comece a usar a linha cinza para fazer as manchas.

3ª carreira: *1 pb em cada um dos 2 pb seguintes, 2 pb no pb seguinte. *6 vezes (24 pts).

4ª carreira: *1 pb em cada um dos 3 pb seguintes, 2 pb no pb seguinte. *6 vezes (30 pts).

5ª-10ª carreira: 1 pb em cada pb.

11ª carreira: *1 pb em cada um dos 3 pb seguintes, pular 1, 1 pb. *6 vezes (24 pts).

12ª carreira: *1 pb em cada um dos 6 pb seguintes, pular 1, 1 pb. *3 vezes (21 pts).

13ª-15ª carreira: 1 pb em cada pb.

16ª carreira: *1 pb em cada um dos 5 pb seguintes, pular 1, 1 pb. *3 vezes (18 pts).

17ª-19ª carreira: 1 pb em cada pb.

Arrematar.

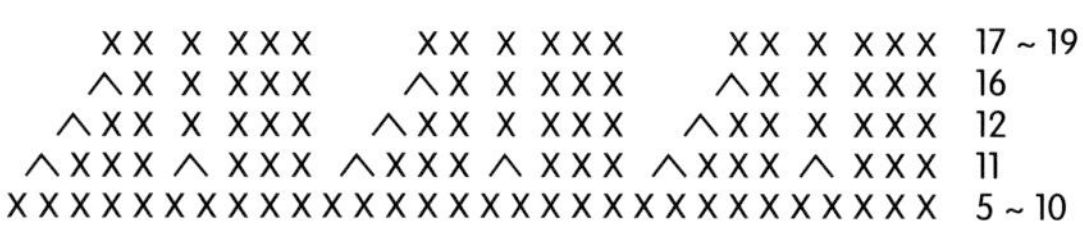

Barriga

Use mohair branco. Comece da mesma forma que a cabeça.

1ª carreira: 2 pb em cada um dos 6 pb (12 pts).

2ª carreira: *1 pb. 2 pb no pb seguinte. *6 vezes (18 pts).

3ª carreira: *1 pb em cada um dos 2 pb seguintes, 2 pb no pb seguinte. *6 vezes (24 pts).

4ª carreira: *1 pb em cada um dos 3 pb seguintes, 2 pb no pb seguinte. *6 vezes (30 pts).

5ª carreira: *1 pb em cada um dos 4 pb seguintes, 2 pb no pb seguinte. *6 vezes (36 pts).

Arrematar.

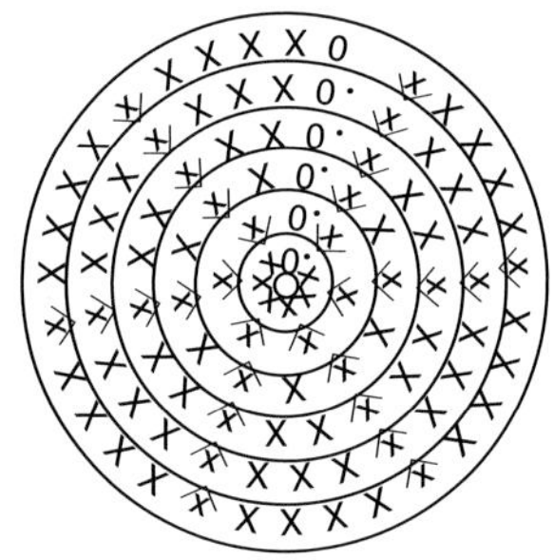

Nariz

Use linha creme. Comece da mesma forma que a cabeça.

1ª carreira: 2 pb em cada um dos 6 pb (12 pts).

2ª-3ª carreira: 1 pb em cada pb.

Arrematar.

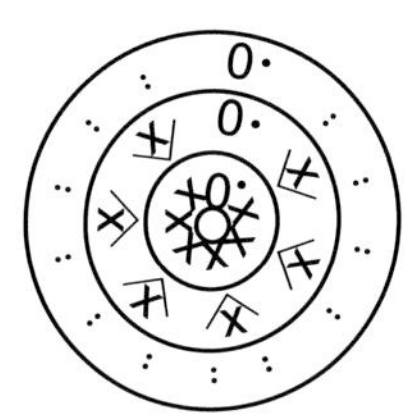

Bochechas 2x

Use mohair branco para uma textura fofa.

Comece da mesma forma que a cabeça, mas com 5 pb.

1ª carreira: 2 pb em cada um dos 5 pb (10 pts).

2ª-3ª carreira: 1 pb em cada pb.

Arrematar.

Pernas 2x

Use linha creme.

Comece da mesma forma que a cabeça.

1ª carreira: 2 pb em cada um dos 6 pb (12 pts).

2ª carreira: *1 pb, 2 pb no pb seguinte. *6 vezes (18 pts).

3ª-5ª carreira: 1 pb em cada pb.

Arrematar.

Braços 2x

Use linha creme.

Comece da mesma forma que a cabeça, mas com 5 pb.

1ª carreira: 2 pb em cada um dos 5 pb (10 pts).

2ª-4ª carreira: 1 pb em cada pb.

5ª carreira: *1 pb em cada um dos 3 pb seguintes, pular 1, 1 pb. *2 vezes (8 pts).

6ª-9ª carreira: 1 pb em cada pb.

Arrematar.

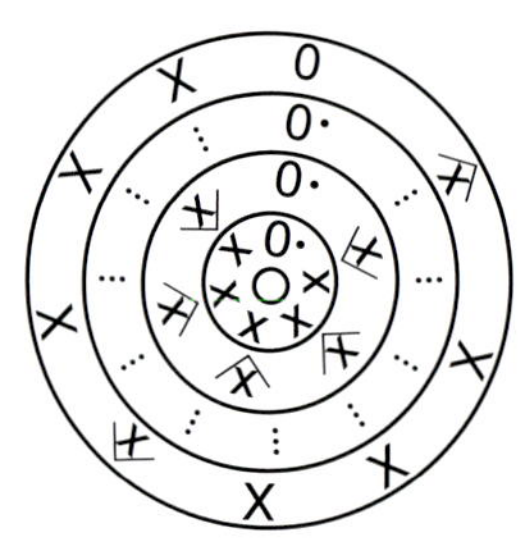

Pés 2x

Use linha creme.

Comece da mesma forma que a cabeça.

1ª carreira: 2 pb em cada um dos 6 pb (12 pts).

2ª-6ª carreira: 1 pb em cada pb.

7ª carreira: *1 pb em cada um dos 2 pb seguintes, pular 1, 1 pb. *3 vezes (9 pts).

8ª-10ª carreira: 1 pb em cada pb.

Arrematar.

Orelhas 2x

Use linha cinza.

Comece da mesma forma de sempre, mas com 4 pb no círculo.

1ª carreira: 2 pb em cada um dos 4 pb (8 pts).

Faça um 1 pb em cada pb em círculo até alcançar 4,5 cm.

Arrematar.

Montagem

Costure todas as partes no corpo.

Coloque os olhos.

Borde os dedos e o nariz com linha de bordar preta.

A Invasão dos Ratos

Quando esse ratinho não ganha atenção fica todo nervoso! Mas com suas patinhas rosas e seu lindo focinho, ele geralmente consegue o que quer. Use linha rosa bem fina para as orelhas, mãos e pés.

Materiais

Tamanho da agulha: 2 mm e 3 mm

Olhos: 7 mm

Linha cinza

Linha fina de crochê rosa para as orelhas, mãos e pés

Arame fino para a cauda

Cabeça

Faça um círculo com a ponta da linha à direita e o novelo à esquerda.

Passe a ponta que vem do novelo por dentro do círculo. Faça uma corr passando por dentro do círculo usando a alça que fez para prendê-lo. Faça 6 pb por dentro do círculo e complete com um pbx no primeiro pb.

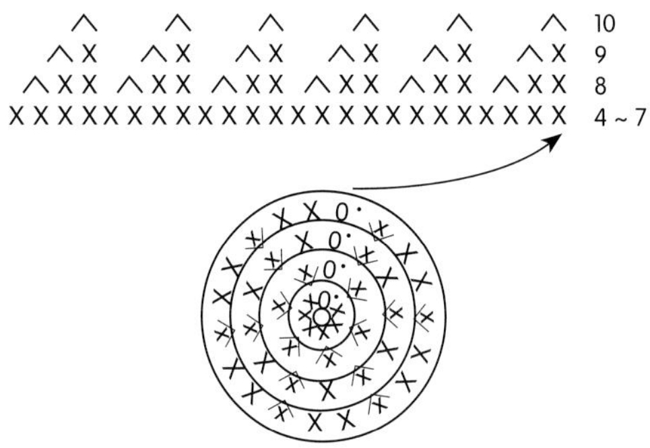

1ª carreira: 2 pb em cada um dos 6 pb (12 pts).

2ª carreira: *1 pb, 2 pb no pb seguinte. *6 vezes (18 pts).

3ª carreira: *1 pb em cada um dos 2 pb seguintes, 2 pb no pb seguinte. *6 vezes (24 pts).

4ª-7ª carreira: 1 pb em cada pb.

8ª carreira: *1 pb em cada um dos 2 pb seguintes, pular 1, 1 pb. *6 vezes (18 pts).

9ª carreira: *1 pb, pular 1, 1 pb. *6 vezes (12 pts).

10ª carreira: *1 pb, pular 1. *6 vezes (6 pts).

Arrematar.

Orelhas 2x

Comece da mesma forma que a cabeça, mas com 5 pb.

1ª carreira: 2 pb em cada um dos 5 pb (10 pts).

2ª-4ª carreira: 1 pb em cada pb.

Arrematar.

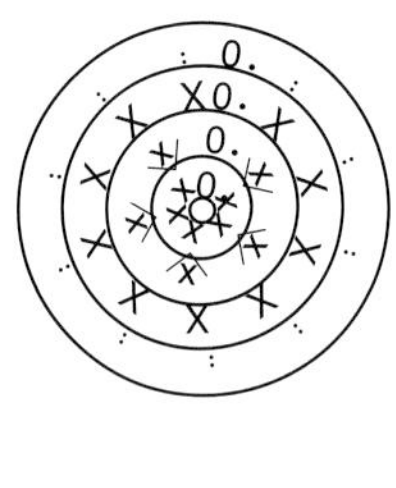

Parte Interna da Orelha

Use linha de crochê fina rosa (com a agulha de 2 mm)

Comece da mesma forma que a cabeça.

1ª carreira: 2 pb em cada um dos 6 pb (12 pts).

2ª carreira: *1 pb, 2 pb no pb seguinte. *6 vezes (18 pts).

Arrematar.

Corpo

Comece da mesma forma que a cabeça.

1ª carreira: 2 pb em cada um dos 6 pb (12 pts).

2ª carreira: *1 pb, 2 pb no pb seguinte. *6 vezes (18 pts).

3ª carreira: *1 pb em cada um dos 2 pb seguintes, 2 pb no pb seguinte. *6 vezes (24 pts).

4ª-8ª carreira: 1 pb em cada pb.

9ª carreira: *1 pb em cada um dos 4 pb seguintes, pular 1, 1 pb. *4 vezes (20 pts).

10ª-13ª carreira: 1 pb em cada pb.

14ª carreira: *1 pb em cada um dos 8 pb seguintes, pular 1, 1 pb. *2 vezes (18 pts).

15ª carreira: 1 pb em cada pb.

Arrematar.

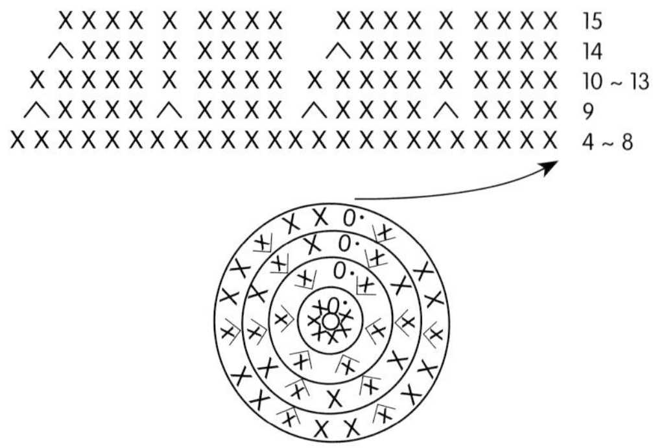

Nariz

Comece da mesma forma que a cabeça, mas com 5 pb.

1ª carreira: 2 pb em cada um dos 5 pb (10 pts).

2ª-3ª carreira: 1 pb em cada pb.

4ª carreira: *1 pb em cada um dos 3 pb seguintes, pular 1, 1 pb. *2 vezes (8 pts).

5ª carreira: 1 pb em cada pb.

6ª carreira: *1 pb em cada um dos 2 pb seguintes, pular 1, 1 pb. *2 vezes (6 pts).

7ª carreira: 1 pb em cada pb.

Arrematar.

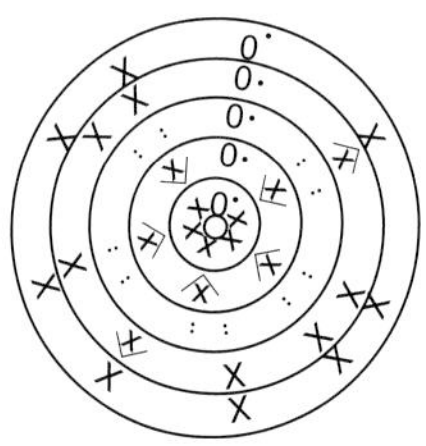

Pernas 2x

Comece da mesma forma que a cabeça (6 pb no primeiro círculo).

1ª carreira: 2 pb em cada um dos 6 pb (12 pts).

2ª carreira: *1 pb, 2 pb no pb seguinte. *6 vezes (18 pts).

3ª-6ª carreira: 1 pb em cada pb.

Arrematar.

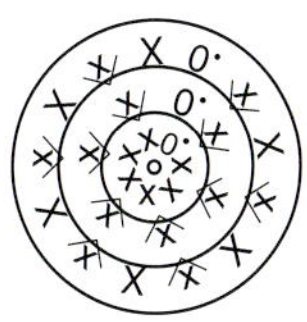

Braços 2x

Comece da mesma forma que a cabeça (6 pb no primeiro círculo).

Continue fazendo 1 pb em círculo até alcançar 4,5 cm.

Arrematar.

Com a agulha de 2 mm e a linha de crochê rosa faça 6 pts.

Arrematar.

Pés 2x

Comece da mesma forma que a cabeça, mas com 5 pb.

Continue fazendo 1 pb em círculo até alcançar 3 cm.

Arrematar.

Dedos

Com uma agulha de 2 mm e linha fina de crochê rosa, faça 4 pbx diretamente na ponta dos pés.

Cauda

Comece da mesma forma que a cabeça (6 pb no primeiro círculo).

Continue fazendo 1 pb em círculo até alcançar 10 cm.

Insira um arame com as pontas curvadas.

Arrematar.

Montagem

Costure todas as partes no corpo.

Coloque os olhos.

Borde o nariz com linha rosa.

Devagar e Sempre

A tartaruga pode ser meio lenta, mas em uma competição de fofura ela ganharia fácil da lebre. Você pode encontrá-la passeando em seu lugar favorito: entre as pedras no jardim.

Materiais

Tamanho da agulha: 2,5 mm

Olhos: 6 mm

Linha verde musgo (de 4 fios) para o casco

Linha marrom (de 4 fios) para o casco

Linha verde escuro

Linha de bordar amarela

Casco

Parte A, faça 7

Comece com a linha verde musgo.

Faça um círculo com a ponta da linha à direita e o novelo à esquerda.

Passe a ponta que vem do novelo por dentro do círculo. Faça uma corr passando por dentro do círculo usando a alça que fez para prendê-lo. Faça 6 pb por dentro do círculo e complete com um pbx no primeiro pb.

1ª carreira: Faça 1 corr para começar. 2 pb em cada um dos 6 pb. Pbx no primeiro pb para prender (12 pts).

2ª carreira: 1 corr *1 pb, 2 pb no pb seguinte. *6 vezes e então um pbx no primeiro pb para prender (18 pts).

3ª carreira: 1 corr *1 pb em cada um dos 2 pb seguintes, 2 pb no pb seguinte. *6 vezes e então um pbx no primeiro pb para prender (24 pts).

4ª carreira: Mudar para linha marrom. 1 corr *1 pb em cada um dos 3 pb seguintes, 2 pb no pb seguinte, *6 vezes (30 pts).

Arrematar.

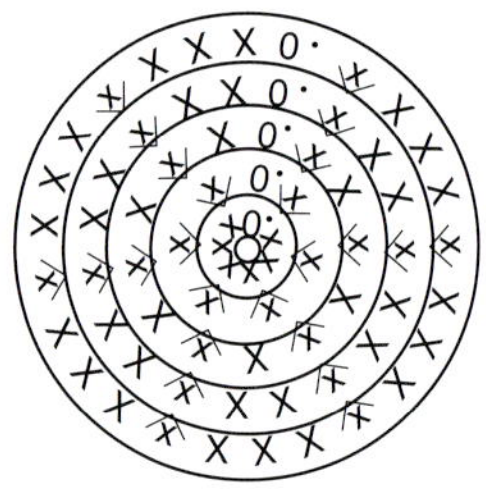

Seção B 5x, triângulos, faça 5

Use linha verde musgo.

Faça 11 corr.

1 corr, 1 pb na segunda corr a partir da agulha.

1 pb na corr seguinte, ½ pa em cada uma das 2 corr seguintes, 1 pa, ½ pa em cada uma das 2 corr seguintes, 1 pb na corr seguinte, terminar com 2 pb juntos.

Arrematar.

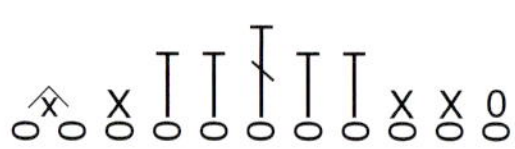

Cabeça

Use linha verde escuro.

Comece da mesma forma que o casco.

1ª carreira: 2 pb em cada um dos 6 pb (12 pts).

2ª carreira: *1 pb, 2 pb no pb seguinte. *6 vezes (18 pts).

3ª-8ª carreira: 1 pb em cada pb.

9ª carreira: *1 pb, pular 1, 1 pb. *6 vezes (12 pts).

10ª-12ª carreira: 1 pb em cada pb.

13ª carreira: *1 pb em cada um dos 4 pb seguintes, pular 1, 1 pb. *2 vezes (10 pts).

14ª-17ª carreira: 1 pb em cada pb.

Arrematar.

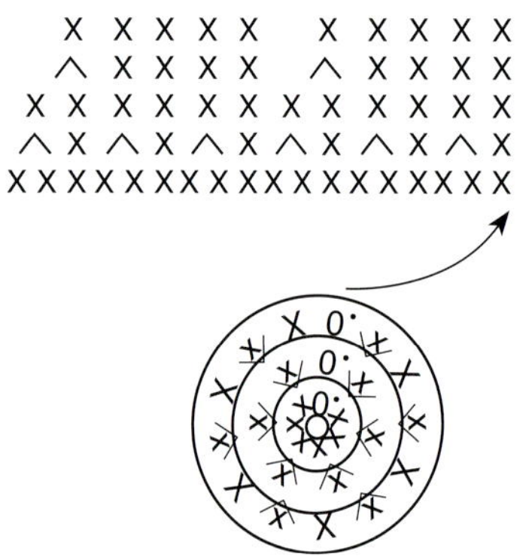

Patas 4x

Use linha verde escuro.

Comece da mesma forma que o casco.

1ª carreira: 2 pb em cada um dos 6 pb (12 pts).

Continue trabalhando com pb em círculo até alcançar 4,5 cm.

Arrematar.

Cauda

Faça 3 corr. Continue com pb em círculo por 4 carreiras.

*Pular 1, 1 pb. *2 vezes.

Arrematar.

Barriga

Use linha marrom.

1ª carreira: 2 pb em cada um dos 6 pb (12 pts).

2ª carreira: *1 pb, 2 pb no pb seguinte. *6 vezes (18 pts).

3ª carreira: *1 pb em cada um dos 2 pb seguintes, 2 pb no pb seguinte. *6 vezes (24 pts).

4ª carreira: *1 pb em cada um dos 3 pb seguintes, 2 pb no pb seguinte. *6 vezes (30 pts).

5ª carreira: *1 pb em cada um dos 4 pb seguintes, 2 pb no pb seguinte. *6 vezes (36 pts).

6ª carreira: *1 pb em cada um dos 5 pb seguintes, 2 pb no pb seguinte. *6 vezes (42 pts).

7ª carreira: *1 pb em cada um dos 6 pb seguintes, 2 pb no pb seguinte. *6 vezes (48 pts).

8ª carreira: *1 pb em cada um dos 7 pb seguintes, 2 pb no pb seguinte. *6 vezes (54 pts).

Arrematar.

Montagem

Junte todas as partes do casco.

Costure todas as partes como na foto.

Coloque os olhos.

Borde um lindo nariz e uma boca com linha amarela.

Hamsters Heróis

Em sua gaiola esses carinhas são heróis. Passam pelos canos e giram sua roda na velocidade da luz. Use linha rosa bem clara para fazer as minúsculas patinhas.

Materiais

Tamanho da agulha: 3 mm para o corpo, 2 mm para as orelhas, mãos e pés

Olhos: 5 mm

Linha marrom claro (cinza claro) e creme (branco) para o corpo

Linha fina de crochê rosa para as mãos e os pés

Corpo

Com a linha marrom claro (cinza claro) faça um círculo com a ponta da linha à direita e o novelo à esquerda.

Passe a ponta que vem do novelo por dentro do círculo. Faça uma corr passando por dentro do círculo usando a alça que fez para prendê-lo. Faça 6 pb por dentro do círculo e complete com um pbx no primeiro pb.

1ª carreira: 2 pb em cada um dos 6 pb (12 pts).

2ª carreira: *1 pb, 2 pb no pb seguinte. *6 vezes (18 pts).

3ª-6ª carreira: 1 pb em cada pb.

7ª carreira: *1 pb em cada um dos 8 pb seguintes, 2 pb no pb seguinte. *2 vezes (20 pts).

8ª-9ª carreira: 1 pb em cada pb.

Quando chegar na metade do círculo, use a linha branca para fazer a parte da barriga. Cont. usando a linha branca nessa parte nas carreiras seguintes.

10ª carreira: *1 pb em cada um dos 3 pb seguintes, 2 pb no pb seguinte. *5 vezes (25 pts).

11ª-12ª carreira: 1 pb em cada pb.

13ª carreira: *1 pb em cada um dos 3 pb seguintes, pular 1, 1 pb. *5 vezes (20 pts).

14ª carreira: *1 pb em cada um dos 2 pb seguintes, pular 1, 1 pb. *5 vezes (15 pts).

15ª carreira: *1 pb, pular 1, 1 pb. *5 vezes (10 pts).

16ª carreira: *1 pb, pular 1. *5 vezes (5 pts).

Arrematar.

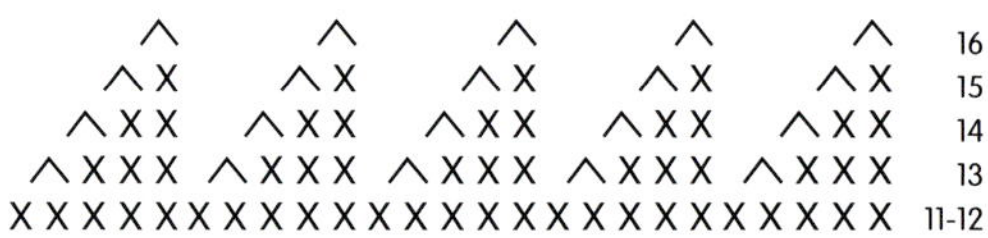

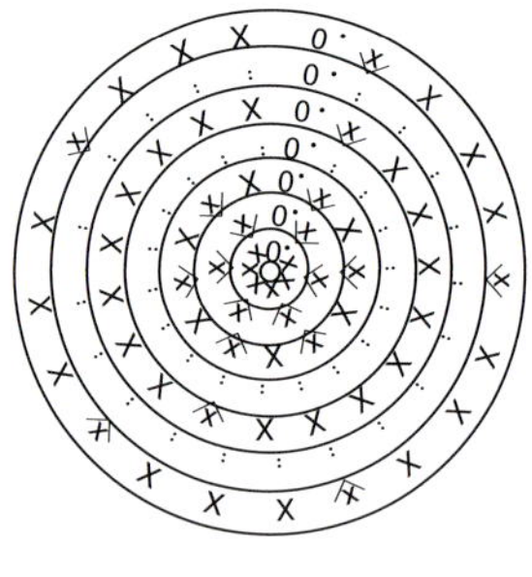

Nariz

Use linha branca. Comece da mesma forma que o corpo.

1ª carreira: 2 pb em cada um dos 6 pb (12 pts).

2ª carreira: *1 pb. 2 pb no pb seguinte. *6 vezes (18 pts).

3ª-4ª carreira: 1 pb em cada pb.

Arrematar.

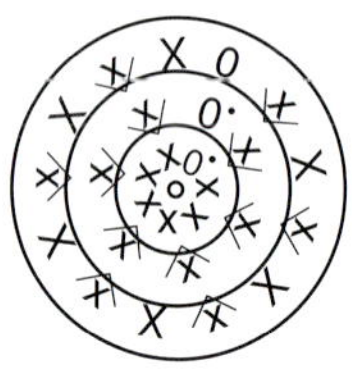

Orelhas 2x

Use linha marrom claro (cinza claro). Comece da mesma forma que a cabeça, mas com 5 pb no círculo.

Junte o último pb com o primeiro usando um pbx.

Arrematar.

Braços 2x

Use linha branca. Comece da mesma forma de sempre, mas com 4 pb no círculo.

Continue fazendo 1 pb em cada pb em círculo até alcançar 1,5 cm.

Com a agulha de 2 mm mude para a linha fina de crochê rosa e faça 2 carreiras de pb.

Arrematar.

Pés 2x

Use uma agulha de 2 mm e a linha fina de crochê rosa.

Comece da mesma forma de sempre, mas com 3 pb no círculo.

1ª carreira: 2 pb em cada pb (6 pts).

2ª-4ª carreira: 1 pb em cada pb.

Montagem

Costure todas as partes como na foto.

Coloque os olhos.

Borde o nariz com linha rosa.

Trotando Por Aí

Este cavalo premiado já venceu muitas competições de salto e tem um armário cheio de troféus em casa. Apesar de adorar competir, ele também gosta de passear pelo campo. Divirta-se fazendo várias rosetas para seu amigo vencedor.

Materiais

Tamanho da agulha: 3 mm

Olhos: 10 mm

Linha branca para o corpo

Linha marrom para as manchas e nariz

Linha marrom escuro para os pés

Linha vermelha para as rédeas

Cabeça

Faça um círculo com a ponta da linha à direita e o novelo à esquerda.

Passe a ponta que vem do novelo por dentro do círculo. Faça uma corr passando por dentro do círculo usando a alça que fez para prendê-lo. Faça 6 pb por dentro do círculo e complete com um pbx no primeiro pb.

Use linha branca (azul claro).

1ª carreira: 2 pb em cada um dos 6 pb (12 pts).

2ª carreira: *1 pb, 2 pb no pb seguinte. *6 vezes (18 pts).

3ª carreira: *1 pb em cada um dos 2 pb seguintes, 2 pb no pb seguinte. *6 vezes (24 pts).

4ª carreira: *1 pb em cada um dos 3 pb seguintes, 2 pb no pb seguinte. *6 vezes (30 pts).

5ª-9ª carreira: 1 pb em cada pb.

10ª carreira: *1 pb em cada um dos 3 pb seguintes, pular 1, 1 pb. *6 vezes (24 pts).

11ª-13ª carreira: 1 pb em cada pb.

14ª carreira: *1 pb em cada um dos 2 pb seguintes, pular 1, 1 pb. *6 vezes (18 pts).

15ª-16ª carreira: 1 pb em cada pb.

17ª-20ª carreira: Mudar para a linha marrom. 1 pb em cada pb.

21ª carreira: *1 pb, pular 1, 1 pb. *6 vezes (12 pts).

22ª carreira: *1 pb, pular 1. *6 vezes (6 pts).

Arrematar.

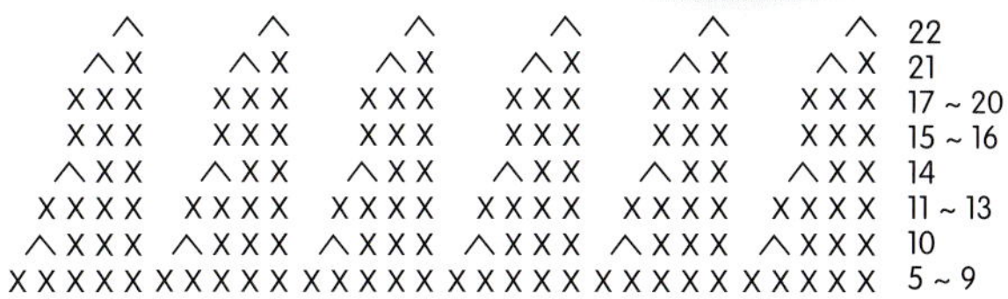
22
21
17 ~ 20
15 ~ 16
14
11 ~ 13
10
5 ~ 9

Corpo

Use linha branca.

Comece da mesma forma que a cabeça.

1ª carreira: 2 pb em cada um dos 6 pb (12 pts).

2ª carreira: *1 pb, 2 pb no pb seguinte. *6 vezes (18 pts).

3ª carreira: *1 pb em cada um dos 2 pb seguintes, 2 pb no pb seguinte. *6 vezes (24 pts).

4ª-16ª carreira: 1 pb em cada pb.

17ª carreira: *1 pb em cada um dos 2 pb seguintes, pular 1, 1 pb. *6 vezes (18 pts).

18ª carreira: *1 pb, pular 1, 1 pb. *6 vezes (12 pts).

19ª carreira: *1 pb, pular 1. *6 vezes (6 pts).

Arrematar.

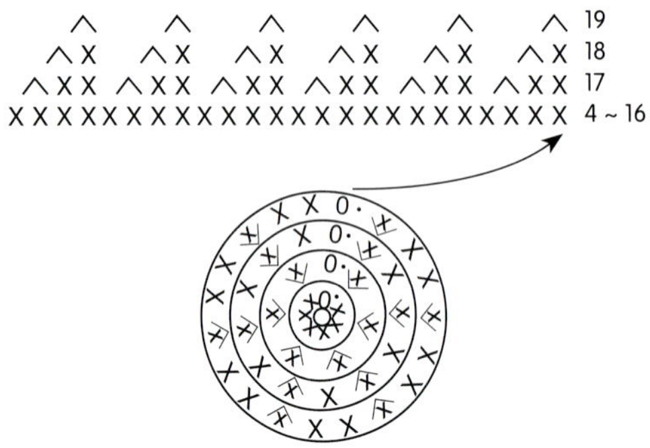

Patas 4x

Use linha branca.

Comece da mesma forma que a cabeça.

1ª carreira: 2 pb em cada um dos 6 pb (12 pts).

Continue trabalhando com pb em círculo até alcançar 7 cm.

Mude para linha marrom escuro e faça mais 2 carreiras de pb.

Então *1 pb, pular 1. *6 vezes (6 pts) e arrematar.

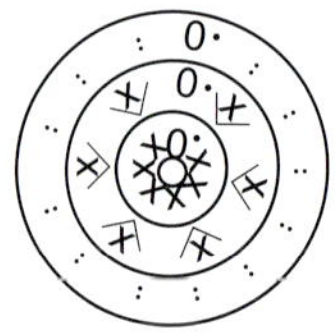

Orelhas 2x

Use linha branca.

Comece da mesma forma de sempre, mas com 3 pb no círculo.

1ª carreira: 2 pb em cada pb (6 pts).

2ª carreira: *1 pb, 2 pb no pb seguinte. *3 vezes (9 pts).

3ª carreira: *1 pb em cada um dos 2 pb seguintes, 2 pb no pb seguinte. *3 vezes (12 pts).

4ª-5ª carreira: 1 pb em cada pb.

6ª carreira: *1 pb em cada um dos 2 pb seguintes, pular 1, 1 pb. *3 vezes (9 pts).

7ª carreira: 1 pb em cada pb.

Arrematar.

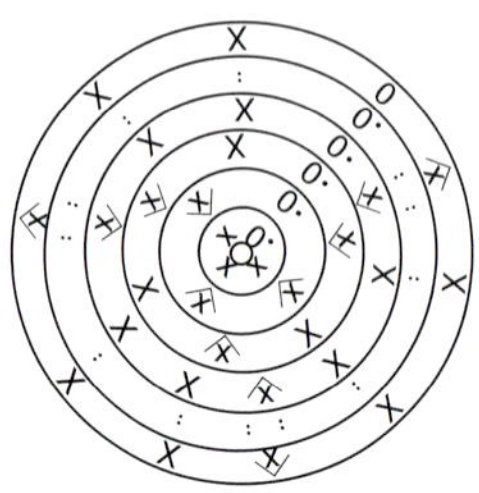

Crina

Use linha marrom.

Faça 20 corr. 1 pt alça em cada corr, mas 2 pt alça na última corr.

Trabalhe voltando pelo outro lado com 1 alça em cada corr.

Arrematar.

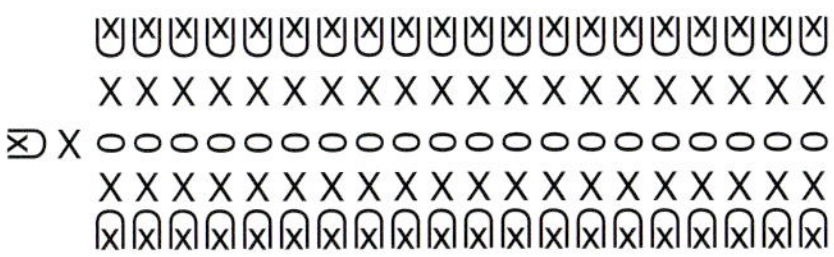

Pescoço

Use linha branca.

Faça 18 corr e junte a última corr com a primeira com um pbx.

Pb em círculo por 10 carreiras.

Arrematar.

Rédeas

Use linha vermelha.

Parte do nariz. Faça 15 corr e volte com ½ pa até o fim.

Parte da cabeça. Faça 30 corr e volte com ½ pa até o fim.

Montagem

Costure todas as partes como na foto e prenda as rédeas na cabeça.

Faça um pompom com linha marrom para a cauda e costure no corpo.

Coloque os olhos.

Borde manchas marrons com linha marrom.

Arara Diferente

Esta arara está se sentindo um tanto estranha hoje. Olhando no espelho, ela se sente meio triste. Alegre-a com alguns amigos bem coloridos.

Materiais

Tamanho da agulha: 3 mm

Olhos: 10 mm

Linha vermelha

Linha branca

Linha azul

Linha amarela

Linha preta

Cabeça

Use linha vermelha.

Faça um círculo com a ponta da linha à direita e o novelo à esquerda.

Passe a ponta que vem do novelo por dentro do círculo. Faça uma corr passando por dentro do círculo usando a alça que fez para prendê-lo. Faça 6 pb por dentro do círculo e complete com um pbx no primeiro pb.

1ª carreira: 2 pb em cada um dos 6 pb (12 pts).

2ª carreira: *1 pb, 2 pb no pb seguinte. *6 vezes (18 pts).

3ª-4ª carreira: 1 pb em cada pb.

5ª carreira: *1 pb em cada um dos 2 pb seguintes, 2 pb no pb seguinte. *6 vezes (24 pts).

6ª-8ª carreira: 1 pb em cada pb.

9ª carreira: 1 corr para começar, *colocar a agulha no primeiro pb e puxar a linha (o suficiente para formar uma alça) 3 vezes, fazer uma laçada e trazer a linha de uma vez passando pelas 3 alças, fazer outra laçada e puxar para prender as alças.

Coloque a agulha na 3ª corr e faça 1 pb. Repetir a partir de * por uma carreira.

Arrematar.

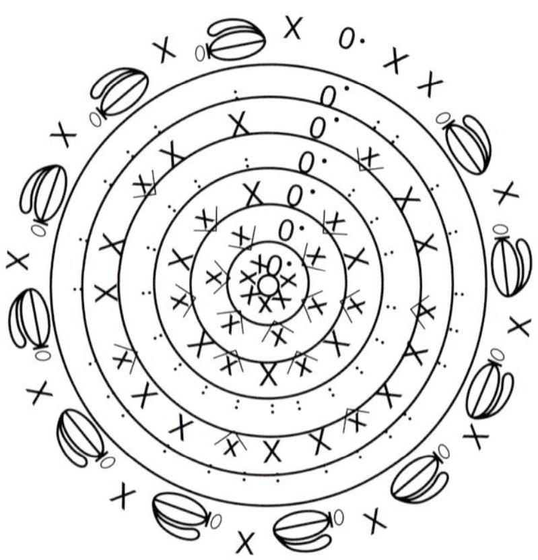

Rosto

Parte A

Use linha branca.

Faça 8 corr.

1ª carreira: 1 corr, 1 pb até o final. 2 pb na última corr, então volte pelo outro lado até a primeira corr com 1 pb em cada corr.

2ª carreira: 1 corr, 3 pb no primeiro pb. 1 pb em cada um dos 6 pb seguintes, 3 pb no pb seguinte, 1 pb para voltar, 3 pb no pb seguinte, 1 pb em cada um dos 6 pb seguintes, 3 pb no último pb.

Arrematar.

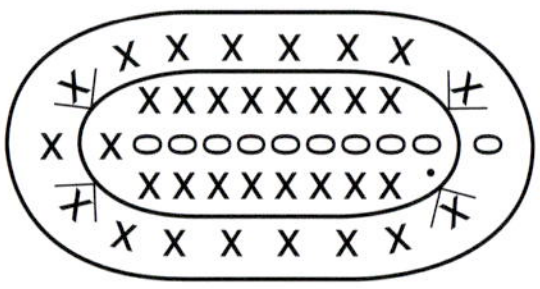

Parte B/bochechas 2x

Use linha amarela.

Faça um círculo e 6 pb no círculo.

Arrematar.

Parte C/borda do bico

Use linha azul.

Comece da mesma forma que a cabeça.

2 pb em cada um dos 6 pb (12 pts).

Arrematar.

Bico

Use linha preta.

Comece da mesma forma que a cabeça, mas com 4 pb no círculo.

2 pb em cada pb (8 pts).

Arrematar.

Corpo

Use linha vermelha.

1ª carreira: 2 pb em cada um dos 6 pb (12 pts).

2ª carreira: * 1 pb, 2 pb no pb seguinte. *6 vezes (18 pts).

3ª carreira: *1 pb em cada um dos 2 pb seguintes, 2 pb no pb seguinte. *6 vezes (24 pts).

4ª-8ª carreira: 1 pb em cada pb.

9ª carreira: *1 pb em cada um dos 2 pb seguintes, pular 1, 1 pb. *6 vezes (18 pts).

10ª-14ª carreira: 1 pb em cada pb.

Arrematar.

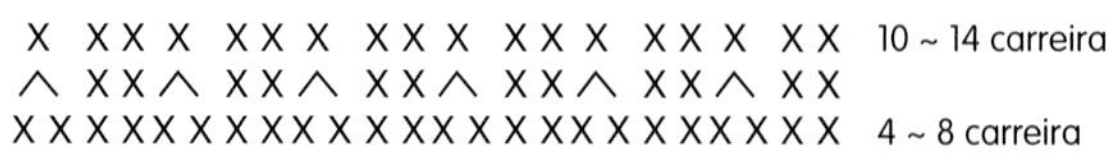

Asas/cauda 3x

Use linha azul.

Comece da mesma forma que a cabeça, mas com 4 pb no círculo.

1ª carreira: 2 pb em cada pb (8 pts).

2ª-3ª carreira: 1 pb em cada pb.

4ª carreira: Mude para linha amarela. *1 pb, 2 pb no pb seguinte. *4 vezes (12 pts).

5ª-7ª carreira: Mude para linha vermelha. 1 pb em cada pb.

8ª carreira: *1 pb, pular 1, 1 pb. *4 vezes (8 pts).

Arrematar.

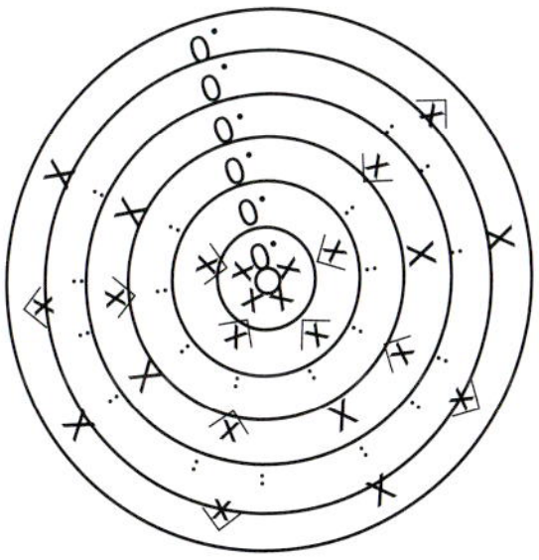

Montagem

Costure todas as partes juntas.

Coloque os olhos.

Flop, o Peixe

Já se sentiu observado(a) como se estivesse em um aquário? O Flop já. Na maior parte do tempo ele fica feliz quando o veem nadar; ele sabe o quanto é fofo, mas às vezes fica tímido e se esconde atrás das plantas do aquário.

Materiais

Tamanho da agulha: 3 mm

Olhos: 15 mm

Linha vermelha

Linha laranja para as escamas

Linha branca para a cauda

Linha de bordar preta

Corpo

Faça um círculo com a ponta da linha à direita e o novelo à esquerda.

Passe a ponta que vem do novelo por dentro do círculo. Faça uma corr passando por dentro do círculo usando a alça que fez para prendê-lo. Faça 6 pb por dentro do círculo e complete com um pbx no primeiro pb.

1ª carreira: 2 pb em cada um dos 6 pb (12 pts).

2ª carreira: *1 pb, 2 pb no pb seguinte. *6 vezes (18 pts).

3ª-4ª carreira: 1 pb em cada pb.

5ª carreira: *1 pb em cada um dos 2 pb seguintes, 2 pb no pb seguinte. *6 vezes (24 pts).

6ª-11ª carreira: 1 pb em cada pb.

12ª carreira: *1 pb em cada um dos 2 pb seguintes, pular 1, 1 pb. *6 vezes (18 pts).

13ª carreira: *1 pb, pular 1, 1 pb. *6 vezes (12 pts).

14ª carreira: *1 pb, pular 1. *6 vezes (6 pts).

Arrematar.

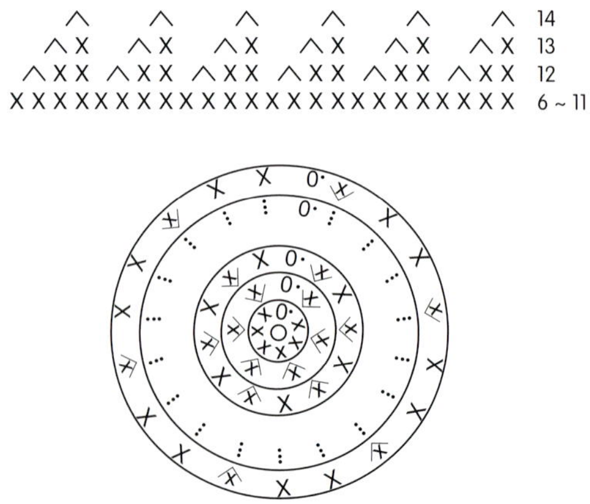

Barbatana Dorsal

Comece da mesma forma que o corpo.

1ª carreira: 2 pb em cada um dos 6 pb (12 pts).

2ª carreira: *1 pb, 2 pb no pb seguinte. *6 vezes (18 pts).

Arrematar.

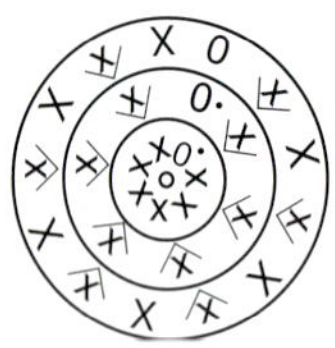

Barbatanas Laterais 2x

Comece da mesma forma que o corpo.

1ª carreira: 2 pb em cada um dos 6 pb (12 pts).

2ª carreira: Faça 1 corr para começar, 1 pb no primeiro pb, 2 pb em cada um dos 4 pb seguintes, 1 pb no pb seguinte, juntar com o primeiro pb fazendo um pbx.

Arrematar.

Olhos 2x

Comece da mesma forma que o corpo, mas com 5 pb no círculo.

1ª carreira: 2 pb em cada um dos 5 pb (10 pts).

2ª carreira: 1 pb em cada pb.

Arrematar.

Cauda

Use linha branca. Faça 25 corr.

3 corr para começar, então pa até o final e volte.

Continue trabalhando com pa até o final.

Mude para linha vermelha e faça 1 pb em cada pt.

Arrematar.

Junte com a primeira fileira para ter o formato de cauda.

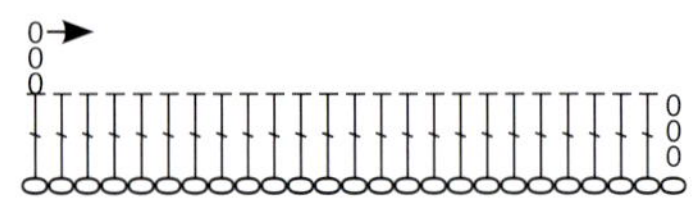

Escamas (veja o gráfico)

Faça 31 corr.

1ª carreira: Faça mais 4 corr para começar, 2 pa na 4ª corr a partir da agulha.

*Pular as 4 corr seguintes, 2 pa na corr seguinte, 1 corr, 2 pa na mesma corr em que você acabou de fazer os pa. Rep a partir do * 5 vezes e então pule as 4 corr seguintes, 2 pa na corr seguinte, 1 corr, 1 pa na mesma corr em que acabou de fazer o pa. Faça 3 corr para a próxima fileira.

2ª carreira: Faça 1 corr para começar. 2 pa na corr do meio da concha que você fez na primeira fileira. * 2 pa na corr seguinte do meio da concha, 1 corr, 2 pa na mesma corr em que acabou de fazer o pa anterior. Repetir a partir do * até o final.

Repetir essas 2 fileiras novamente.

Arrematar.

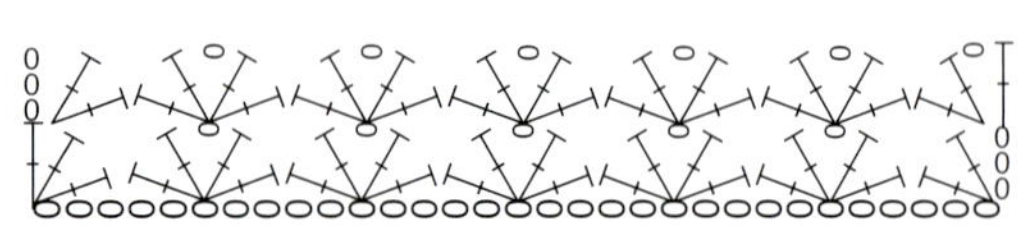

Montagem

Costure todas as partes como na foto.

Coloque os olhos.

Borde a boca com linha de bordar preta.

Serpente Sinuosa

A Serpente Sinuosa tem muito orgulho de suas listras roxas e amarelas, e costuma ser vista se exibindo para outras cobras. Ela gosta de usar sua boina vermelha meio de lado, pois acha que a deixa charmosa.

Materiais

Tamanho da agulha: 3 mm

Olhos: 6 mm

Linha amarela

Linha roxa

Linha vermelha para o chapéu

Feltro vermelho para a língua

Arame para o corpo

Cabeça

Use linha roxa.

Faça um círculo com a ponta da linha à direita e o novelo à esquerda.

Passe a ponta que vem do novelo por dentro do círculo. Faça uma corr passando por dentro do círculo usando a alça que fez para prendê-lo. Faça 6 pb por dentro do círculo e complete com um pbx no primeiro pb.

1ª carreira: 2 pb em cada um dos 6 pb (12 pts).

2ª carreira: *1 pb, 2 pb no pb seguinte. *6 vezes (18 pts).

3ª carreira: *1 pb em cada um dos 2 pb seguintes, 2 pb no pb seguinte. *6 vezes (24 pts).

4ª-5ª carreira: 1 pb em cada pb.

6ª carreira: *1 pb em cada um dos 2 pb seguintes, pular 1, 1 pb. *6 vezes (18 pts).

7ª carreira: *1 pb, pular 1, 1 pb. *6 vezes (12 pts).

8ª carreira: *1 pb, pular 1. *6 vezes (6 pts).

Arrematar.

Corpo

Faça 10 corr com linha amarela. Faça um círculo juntando o último pt com o primeiro usando um pbx.

1 pb em cada pt. Continue trabalhando em linha reta, mudando a cor a cada 2 carreiras.

Continue trabalhando até ter um tubo comprido, longo o bastante para ondular!

Comece a dim. *1 pb em cada um dos 3 pb seguintes, pular 1, 1 pb. *2 vezes (8 pts).

Carreira seguinte: *1 pb nos 2 pb seguintes, pular 1, 1 pb. *2 vezes (6 pts).

Carreira seguinte: *1 pb, pular 1, 1 pb. *2 vezes (4 pts).

Arrematar.

Chapéu

Usar linha vermelha.

Comece fazendo 6 pb no círculo juntando o primeiro pb com o último usando um pbx.

1ª carreira: 2 pb em cada um dos 6 pb (12 pts).

2ª carreira: *1 pb, 2 pb no pb seguinte. *6 vezes (18 pts).

3ª-4ª carreira: 1 pb em cada pb (18 pts).

5ª carreira: *1 pb, pular o pb seguinte. *6 vezes (12 pts).

Arrematar.

Montagem

Costure a cabeça no corpo como mostrado na foto.

Corte um pedaço de feltro vermelho no formato da língua, e costure na cabeça.

Coloque os olhos.

Costure o chapéu na cabeça.

Capítulo 2

Dentro da Selva

Macaquices

O que esse macaquinho mais gosta de fazer é sentar em uma bananeira e saborear essa fruta deliciosa até o fim. Os fazendeiros não gostam dele, mas nós o achamos muito fofo. Use uma longa espiral para fazer as orelhas dele.

Materiais

Tamanho da agulha: 3 mm

Olhos: 6 mm

Feltro branco

Linha roxa (linha grossa)

Linha de bordar preta

Blush de maquiagem ou giz pastel

Cabeça

Faça um círculo com a ponta da linha à direita e o novelo à esquerda.

Passe a ponta que vem do novelo por dentro do círculo. Faça uma corr passando por dentro do círculo usando a alça que fez para prendê-lo. Faça 6 pb por dentro do círculo e complete com um pbx no primeiro pb.

1ª carreira: 2 pb em cada um dos 6 pb (12 pts).

2ª carreira: *1 pb, 2 pb no pb seguinte. *6 vezes (18 pts).

3ª carreira: *1 pb em cada um dos 2 pb seguintes, 2 pb no pb seguinte. *6 vezes (24 pts).

4ª carreira: *1 pb em cada um dos 3 pb seguintes, 2 pb no pb seguinte. *6 vezes (30 pts).

5ª carreira: *1 pb em cada um dos 4 pb seguintes, 2 pb no pb seguinte. *6 vezes (36 pts).

6ª carreira: *1 pb em cada um dos 5 pb seguintes, 2 pb no pb seguinte. *6 vezes (42 pts).

7ª-10ª carreira: 1 pb em cada pb.

11ª carreira: *1 pb em cada um dos 5 pb seguintes, pular 1, 1 pb. *6 vezes (36 pts).

12ª carreira: *1 pb em cada um dos 4 pb seguintes, pular 1, 1 pb. *6 vezes (30 pts).

13ª carreira: *1 pb em cada um dos 3 pb seguintes, pular 1, 1 pb. *6 vezes (24 pts).

14ª carreira: *1 pb em cada um dos 2 pb seguintes, pular 1, 1 pb. *6 vezes (18 pts).

15ª carreira: *1 pb, pular 1, 1 pb. *6 vezes (12 pts).

16ª carreira: *1 pb, pular 1. *6 vezes (6 pts).

Arrematar.

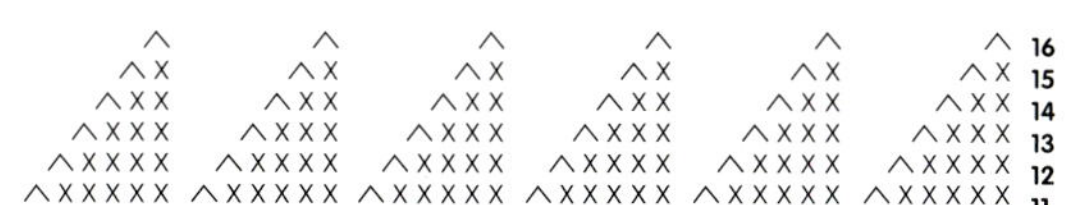
16
15
14
13
12
11
7-10

Corpo

Comece da mesma forma que a cabeça.

1ª carreira: 2 pb em cada um dos 6 pb (12 pts).

2ª carreira: *1 pb, 2 pb no pb seguinte. *6 vezes (18 pts).

3ª carreira: *1 pb em cada um dos 2 pb seguintes, 2 pb no pb seguinte. *6 vezes (24 pts).

4ª-6ª carreira: 1 pb em cada pb.

7ª carreira: *1 pb em cada um dos 4 pb seguintes, pular 1, 1 pb. *4 vezes (20 pts).

8ª-9ª carreira: 1 pb em cada pb.

Arrematar.

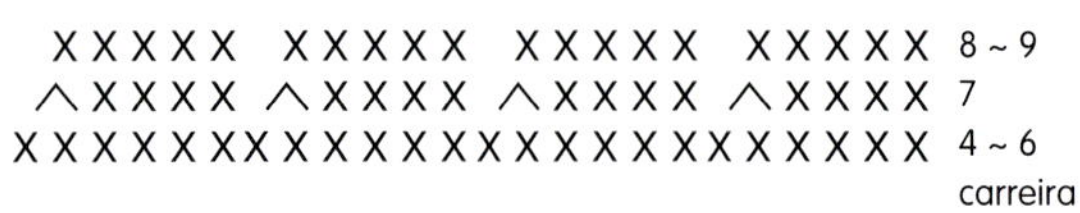

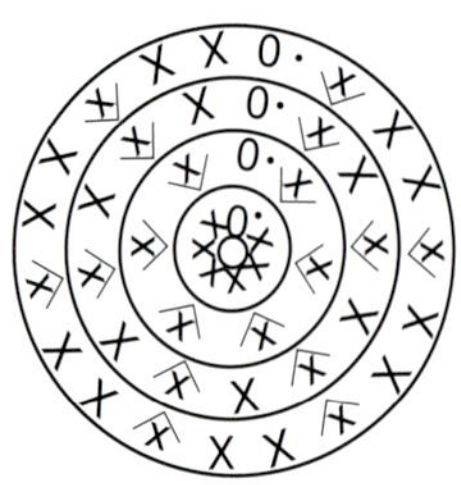

Braços 2x

Comece da mesma forma que a cabeça, mas com 5 pb no círculo.

1ª carreira: 2 pb em cada pb (10 pts).

2ª carreira: *1 pb, 2 pb no pb seguinte. *5 vezes (15 pts).

3ª-4ª carreira: 1 pb em cada pb.

5ª carreira: *1 pb, pular 1, 1 pb. *5 vezes (10 pts).

6ª-15ª carreira: 1 pb em cada pb.

16ª carreira: *1 pb, pular 1. *5 vezes (5 pts).

Arrematar.

Pernas 2x

Comece da mesma forma que a cabeça, mas com 5 pb no círculo.

1ª carreira: 2 pb em cada pb (10 pts).

2ª-6ª carreira: 1 pb em cada pb.

Arrematar.

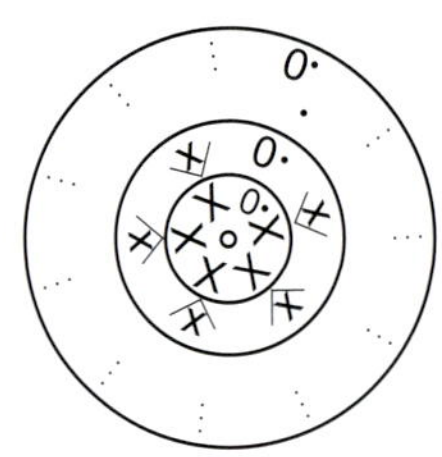

Orelhas

Faça 50 corr. Volte com pb até o final. Arrematar.

Enrole e prenda na posição com alguns pontos.

Montagem

Costure todas as partes como mostrado na foto.

Costure o retalho de feltro branco no rosto e borde o nariz com a linha de bordar preta.

Coloque os olhos.

Passe *blush* de maquiagem ou giz pastel para deixar as bochechas coradas.

Triste e Tristonho

É um dia triste para esses ursinhos. Está chovendo lá fora, então eles não podem sair para brincar. Nada além de um carinho, e talvez uma fita nova, vai alegrá-los. Tão adoráveis e tão fáceis de fazer que você vai querer criar centenas deles.

Materiais

Linha cinza (linha grossa)

Tamanho da agulha: 3 mm

Nariz de plástico

Fita

Cabeça

Faça um círculo com a ponta da linha à direita e o novelo à esquerda. Passe a ponta que vem do novelo por dentro do círculo. Faça uma corr passando por dentro do círculo usando a alça que fez para prendê-lo. Faça 6 pb por dentro do círculo e complete com um pbx no primeiro pb.

1ª carreira: 2 pb em cada um dos 6 pb (12 pts).

2ª carreira: *1 pb, 2 pb no pb seguinte. *6 vezes (18 pts).

3ª carreira: *1 pb em cada um dos 2 pb seguintes, 2 pb no pb seguinte. *6 vezes (24 pts).

4ª carreira: *1 pb em cada um dos 3 pb seguintes, 2 pb no pb seguinte. *6 vezes (30 pts).

5ª carreira: *1 pb em cada um dos 4 pb seguintes, 2 pb no pb seguinte. *6 vezes (36 pts).

6ª-10ª carreira: 1 pb em cada pb.

11ª carreira: *1 pb em cada um dos 4 pb seguintes, pular 1, 1 pb. *6 vezes (30 pts).

12ª carreira: *1 pb em cada um dos 3 pb seguintes, pular 1, 1 pb. *6 vezes (24 pts).

13ª carreira: *1 pb em cada um dos 2 pb seguintes, pular 1, 1 pb. *6 vezes (18 pts).

14ª carreira: *1 pb, pular 1, 1 pb. *6 vezes (12 pts).

15ª carreira: *1 pb, pular 1. *6 vezes (6 pts).

Arrematar.

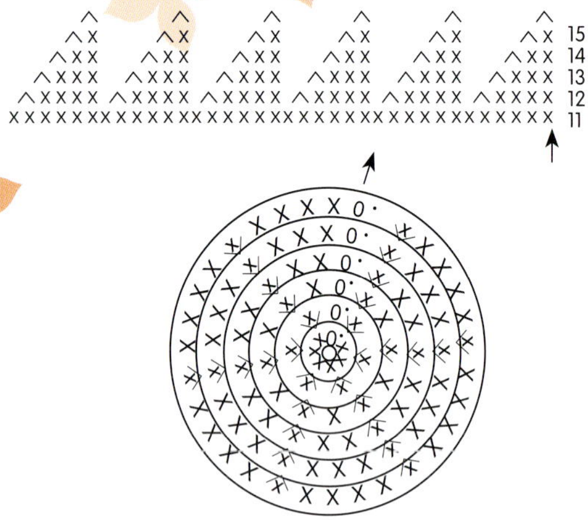

Orelhas 2x

Comece da mesma forma que a cabeça.

1ª carreira: 2 pb em cada um dos 6 pb (12 pts).

2ª-4ª carreira: 1 pb em cada um dos 12 pb.

Arrematar.

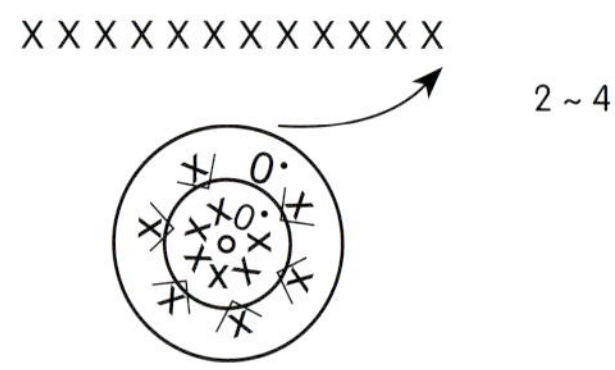

Corpo

Comece com 6 pb no círculo como fez para a cabeça.

1ª carreira: 2 pb em cada um dos 6 pb (12 pts).

2ª carreira: *1 pb, 2 pb no pb seguinte. *6 vezes (18 pts).

3ª carreira: *1 pb em cada um dos 2 pb seguintes, 2 pb no pb seguinte. *6 vezes (24 pts).

4ª-11ª carreira: 1 pb em cada pb.

12ª carreira: *1 pb em cada um dos 2 pb seguintes, pular 1, 1 pb. *6 vezes (18 pts).

13ª carreira: *1 pb, pular 1, 1 pb. *6 vezes (12 pts).

14ª carreira: *1 pb, pular 1. *6 vezes (6 pts).

Arrematar.

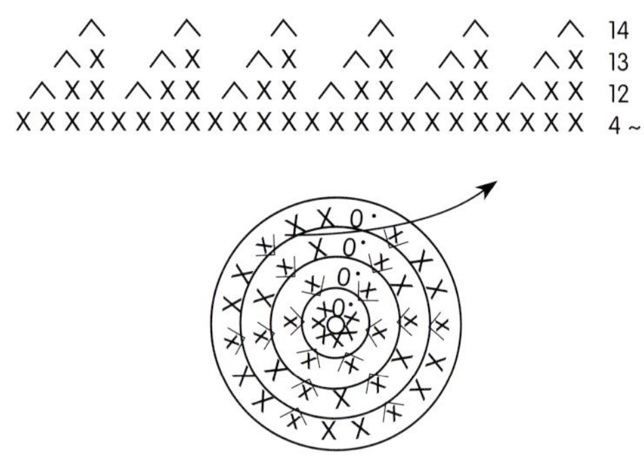

Braços 2x

Comece da mesma forma que a cabeça e o corpo.

1ª carreira: 2 pb em cada um dos 6 pb (12 pts).

2ª-6ª carreira: 1 pb em cada pb (12 pts).

7ª carreira: *1 pb em cada um dos 2 pb seguintes, pular 1, 1 pb. *3 vezes (9 pts).

8ª-12ª carreira: 1 pb em cada pb.

13ª carreira: *1 pb, pular 1. *3 vezes (6 pts).

Arrematar.

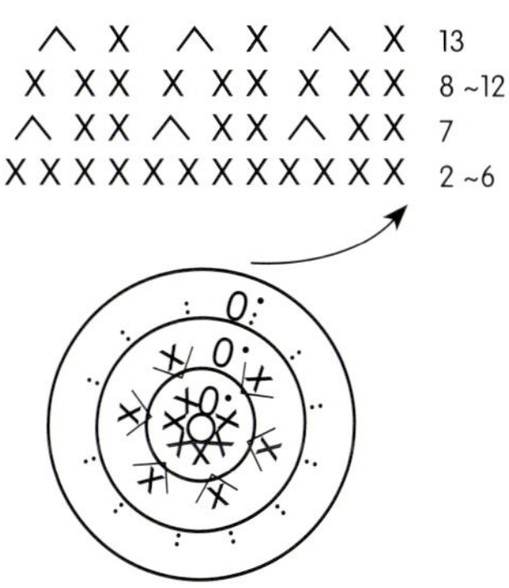

Pernas 2x

Comece da mesma forma que a cabeça e o corpo.

1ª carreira: 2 pb em cada um dos 6 pb (12 pts).

2ª carreira: *1 pb, 2 pb no pb seguinte. *6 vezes (18 pts).

3ª-6ª carreira: 1 pb em cada pb.

7ª carreira: *1 pb, pular 1, 1 pb. *6 vezes (12 pts).

8ª-10ª carreira: 1 pb em cada pb.

11ª carreira: *1 pb em cada um dos 2 pb seguintes, pular 1, 1 pb. *3 vezes (9 pts).

12ª carreira: *1 pb, pular 1. *3 vezes (6 pts).

Arrematar.

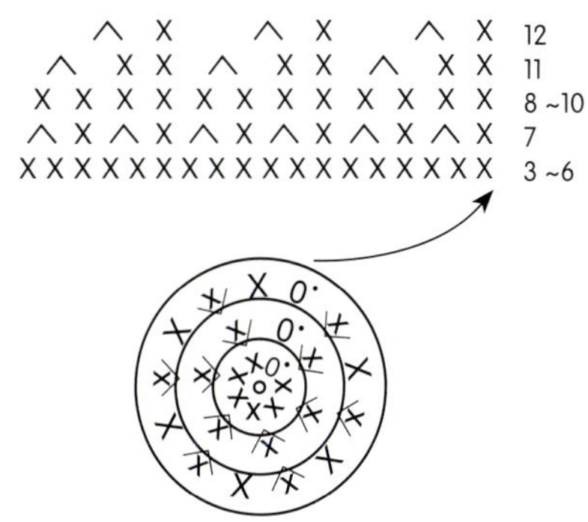

Montagem

Costure todas as partes como na foto.

Coloque o nariz e os olhos.

Borde a boca e as sobrancelhas com linha de bordar preta.

Amarre a fita no pescoço do urso.

Trombas e Presas

Se você deixar, esse elefante de circo vai te mostrar todos os seus truques. Ele pode ficar sobre uma pata, pular através de arcos, e equilibrar bolas na ponta de sua tromba. Mas na verdade ele é tão fofo que não precisa de truques para impressionar! Faça as orelhas bem compridas para deixá-lo ainda mais fofo.

Materiais

Tamanho da agulha: 3 mm

Olhos: 10 mm

Linha cinza mescla

Feltro branco

Cabeça

Faça um círculo com a ponta da linha à direita e o novelo à esquerda.

Passe a ponta que vem do novelo por dentro do círculo. Faça uma corr passando por dentro do círculo usando a alça que fez para prendê-lo. Faça 6 pb por dentro do círculo e complete com um pbx no primeiro pb.

1ª carreira: 2 pb em cada um dos 6 pb (12 pts).

2ª carreira: *1 pb, 2 pb no pb seguinte. *6 vezes (18 pts).

3ª carreira: *1 pb em cada um dos 2 pb seguintes, 2 pb no pb seguinte. *6 vezes (24 pts).

4ª carreira: *1 pb em cada um dos 3 pb seguintes, 2 pb no pb seguinte. *6 vezes (30 pts).

5ª-8ª carreira: 1 pb em cada pb.

9ª carreira: *1 pb em cada um dos 3 pb seguintes, pular 1, 1 pb. *6 vezes (24 pts).

10ª carreira: *1 pb em cada um dos 2 pb seguintes, pular 1, 1 pb. *6 vezes (18 pts).

11ª carreira: *1 pb, pular 1, 1 pb. *6 vezes (12 pts).

12ª carreira: *1 pb, pular 1. *6 vezes (6 pts).

Arrematar.

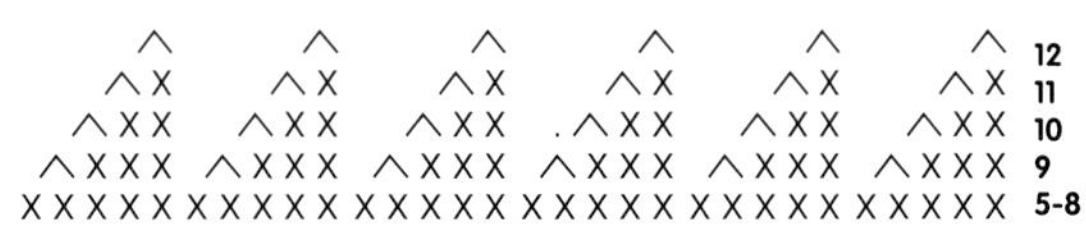

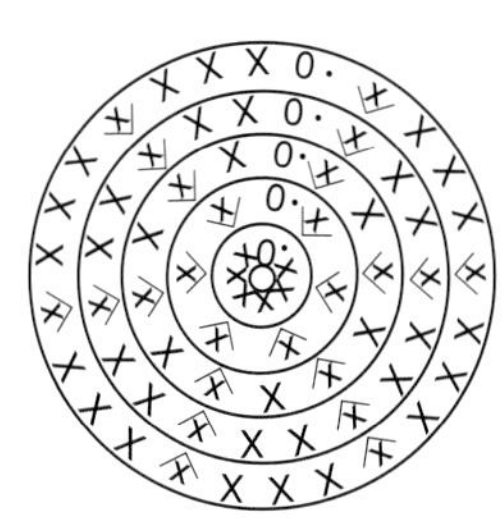

Corpo

Comece da mesma forma que a cabeça.

1ª carreira: 2 pb em cada um dos 6 pb (12 pts).

2ª carreira: *1 pb, 2 pb no pb seguinte. *6 vezes (18 pts).

3ª carreira: *1 pb em cada um dos 2 pb seguintes, 2 pb no pb seguinte. *6 vezes (24 pts).

4ª carreira: *1 pb em cada um dos 3 pb seguintes, 2 pb no pb seguinte. *6 vezes (30 pts).

5ª-8ª carreira: 1 pb em cada pb.

9ª carreira: *1 pb em cada um dos 3 pb seguintes, pular 1, 1 pb. *6 vezes (24 pts).

10ª-13ª carreira: 1 pb em cada pb.

14ª carreira: *1 pb em cada um dos 2 pb seguintes, pular 1, 1 pb. *6 vezes (18 pts).

15ª-16ª carreira: 1 pb em cada pb.

Arrematar.

Orelhas 2x

Comece da mesma forma que a cabeça.

1ª carreira: 2 pb em cada um dos 6 pb (12 pts).

2ª carreira: *1 pb, 2 pb no pb seguinte. *6 vezes (18 pts).

3ª carreira: *1 pb em cada um dos 2 pb seguintes, 2 pb no pb seguinte. *6 vezes (24 pts).

4ª-8ª carreira: 1 pb em cada pb.

Arrematar.

Junte um dos lados para dar o formato de orelha.

Braços 2x

Comece da mesma forma que a cabeça.

1ª carreira: 2 pb em cada um dos 6 pb (12 pts).

Continue trabalhando com pb ao redor do círculo até alcançar 4,5 cm.

Arrematar.

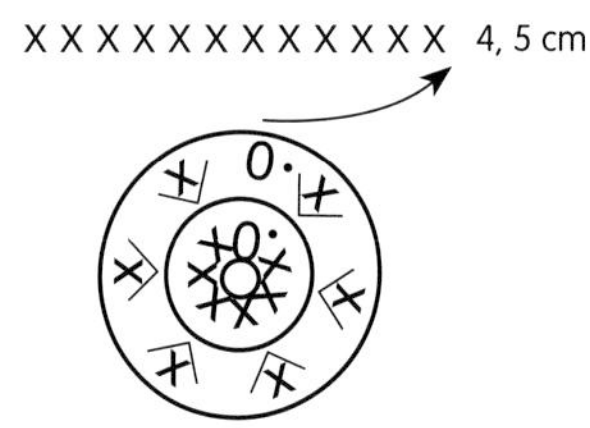

Pernas 2x

Comece da mesma forma que a cabeça.

1ª carreira: 2 pb em cada um dos 6 pb (12 pts).

Continue trabalhando com pb ao redor do círculo até alcançar 5,5 cm.

Arrematar.

Tromba

Faça 6 corr e feche o círculo com 1 pbx.

1 pb em cada corr.

Continue trabalhando ao redor do círculo até alcançar 6 cm.

Arrematar.

Montagem

Costure todas as partes como na foto.

Corte pedaços de feltro branco para a barriga, pernas e braços e costure-os no corpo.

Coloque os olhos.

Bebê Panda

Este lindo bebê Panda ama bambu. No meio das florestas enevoadas da China, o Panda se senta e saboreia sua planta favorita o dia todo. Ele é meio tímido, mas ofereça a ele um pouco de bambu e ele vai ser seu amigo para sempre.

Materiais

Tamanho da agulha: 3 mm

Olhos: 7 mm

Linha preta

Linha branca

Feltro preto

Nariz de plástico

Cabeça

Use linha branca.

Faça um círculo com a ponta da linha à direita e o novelo à esquerda.

Passe a ponta que vem do novelo por dentro do círculo. Faça uma corr passando por dentro do círculo usando a alça que fez para prendê-lo. Faça 6 pb por dentro do círculo e complete com um pbx no primeiro pb.

1ª carreira: 2 pb em cada um dos 6 pb (12 pts).

2ª carreira: *1 pb, 2 pb no pb seguinte. *6 vezes (18 pts).

3ª carreira: *1 pb em cada um dos 2 pb seguintes, 2 pb no pb seguinte. *6 vezes (24 pts).

4ª carreira: *1 pb em cada um dos 3 pb seguintes, 2 pb no pb seguinte. *6 vezes (30 pts).

5ª-7ª carreira: 1 pb em cada pb.

8ª carreira: *1 pb em cada um dos 3 pb seguintes, pular 1, 1 pb. *6 vezes (24 pts).

9ª carreira: *1 pb em cada um dos 2 pb seguintes, pular 1, 1 pb. *6 vezes (18 pts).

10ª carreira: *1 pb, pular 1, 1 pb. *6 vezes (12 pts).

11ª carreira: *1 pb, pular 1. *6 vezes (6 pts).

Arrematar.

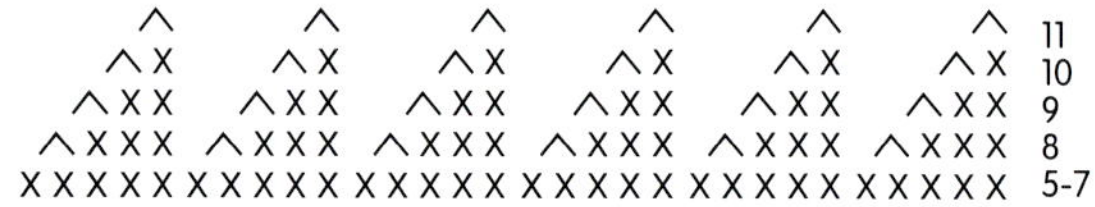

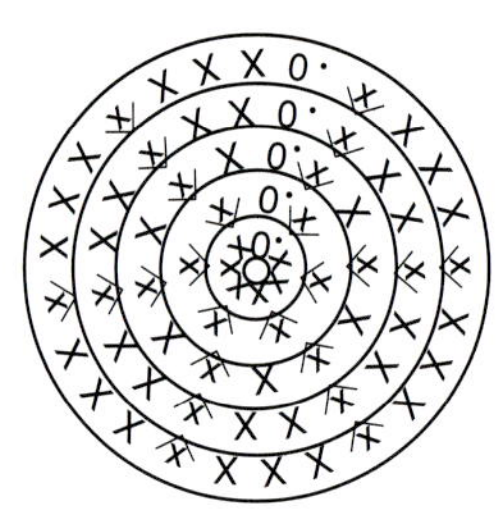

Corpo

Comece da mesma forma que a cabeça.

1ª carreira: 2 pb em cada um dos 6 pb (12 pts).

2ª carreira: *1 pb, 2 pb no pb seguinte. *6 vezes (18 pts).

3ª carreira: *1 pb em cada um dos 2 pb seguintes, 2 pb no pb seguinte. *6 vezes (24 pts).

4ª-5ª carreira: 1 pb em cada pb.

6ª carreira: *1 pb em cada um dos 3 pb seguintes, 2 pb no pb seguinte. *6 vezes (30 pts).

7ª-10ª carreira: 1 pb em cada pb.

11ª carreira: *1 pb em cada um dos 3 pb seguintes, pular 1, 1 pb. *6 vezes (24 pts).

12ª-13ª carreira: 1 pb em cada pb.

14ª-15ª carreira: Mudar para linha preta. 1 pb em cada pb.

16ª carreira: *1 pb em cada um dos 2 pb seguintes, pular 1, 1 pb. *6 vezes (18 pts).

Arrematar.

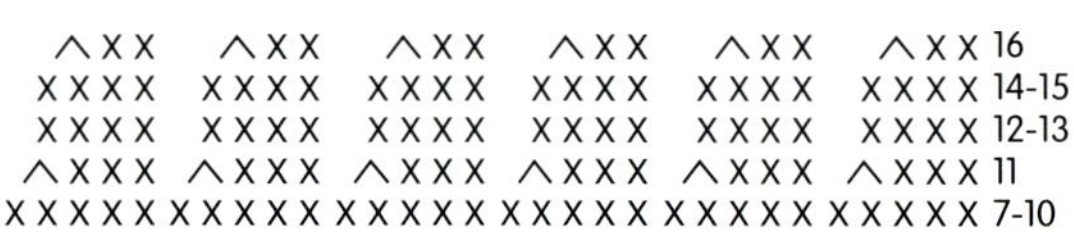

Nariz

Use linha branca.

Comece da mesma forma que a cabeça.

1ª carreira: 2 pb em cada um dos 6 pb (12 pts).

2ª carreira: *1 pb, 2 pb no pb seguinte. *6 vezes (18 pts).

3ª-5ª carreira: 1 pb em cada pb.

Arrematar.

Orelhas 2x

Use linha preta.

Comece da mesma forma que a cabeça.

1ª carreira: 2 pb em cada um dos 6 pb (12 pts).

2ª-4ª carreira: 1 pb em cada pb.

Arrematar.

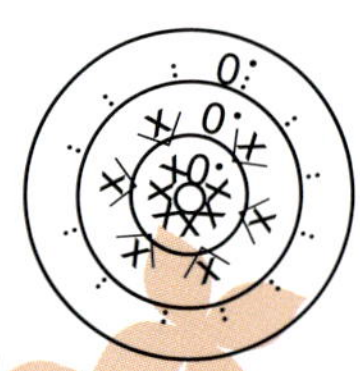

Braços 2x

Use linha preta.

Comece da mesma forma que a cabeça.

1ª carreira: 2 pb em cada um dos 6 pb (12 pts).

2ª-5ª carreira: 1 pb em cada pb.

6ª carreira: *1 pb em cada um dos 2 pb seguintes, pular 1, 1 pb. *3 vezes (9 pts).

7ª-10ª carreira: 1 pb em cada pb.

Arrematar.

X XX X XX X XX 7 ~ 10
∧ XX ∧ XX ∧ XX 6
XXXXXXXXXXXX 2 ~ 5
carreira

Pernas 2x

Use linha preta.

Comece da mesma forma que a cabeça.

1ª carreira: 2 pb em cada um dos 6 pb (12 pts).

Continue trabalhando com pb até alcançar 5,5 cm.

*1 pb, pular 1. *6 vezes.

Arrematar.

∧ ∧ ∧ ∧ ∧ ∧
XXXXXXXXXXXX até 5,5 cm

Cauda

Comece da mesma forma que a cabeça.

1ª carreira: 2 pb em cada um dos 6 pb (12 pts).

2ª-3ª carreira: 1 pb em cada pb.

Arrematar.

XXXXXXXXXXXX 2 ~ 3ª

Montagem

Costure todas as partes como na foto.

Corte pedaços de feltro preto para a mancha dos olhos e costure-os na cabeça.

Coloque os olhos e o nariz.

Borde a boca com linha de bordar preta.

Capítulo 3

No fundo do Mar

Senhor Polvo

O Senhor Polvo costuma ser visto deslizando pelos corais admirando os peixes e as belas conchas. Com seus oito braços, o Senhor Polvo exige um pouco de tempo, mas vale a pena quando ele sorri de volta para você!

Materiais

Tamanho da agulha: 3 mm

Olhos: 10 mm

Linha azul escuro

Linha de bordar vermelha

Arame de bijuteria

Cabeça

Faça um círculo com a ponta da linha à direita e o novelo à esquerda.

Passe a ponta que vem do novelo por dentro do círculo. Faça uma corr passando por dentro do círculo usando a alça que fez para prendê-lo. Faça 6 pb por dentro do círculo e complete com um pbx no primeiro pb.

1ª carreira: 2 pb em cada um dos 6 pb (12 pts).

2ª carreira: *1 pb, 2 pb no pb seguinte. *6 vezes (18 pts).

3ª carreira: *1 pb em cada um dos 2 pb seguintes, 2 pb no pb seguinte. *6 vezes (24 pts).

4ª carreira: *1 pb em cada um dos 3 pb seguintes, 2 pb no pb seguinte. *6 vezes (30 pts).

5ª carreira: *1 pb em cada um dos 4 pb seguintes, 2 pb no pb seguinte. *6 vezes (36 pts).

6ª-11ª carreira: 1 pb em cada pb.

12ª carreira: *1 pb em cada um dos 4 pb seguintes, pular 1, 1 pb. *6 vezes (30 pts).

13ª-17ª carreira: 1 pb em cada pb.

18ª carreira: *1 pb em cada um dos 3 pb seguintes, pular 1, 1 pb. *6 vezes (24 pts).

19ª-20ª carreira: 1 pb em cada pb.

21ª carreira: *1 pb em cada um dos 2 pb seguintes, pular 1, 1 pb. *6 vezes (18 pts).

22ª carreira: *1 pb, pular 1, 1 pb. *6 vezes (12 pts).

23ª carreira: *1 pb, pular 1. *6 vezes (6 pts).

Arrematar.

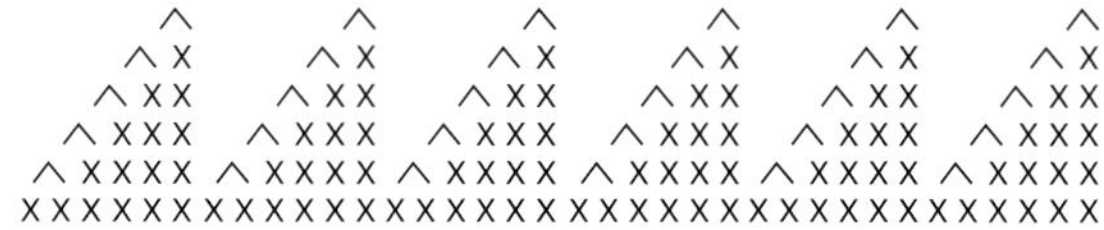

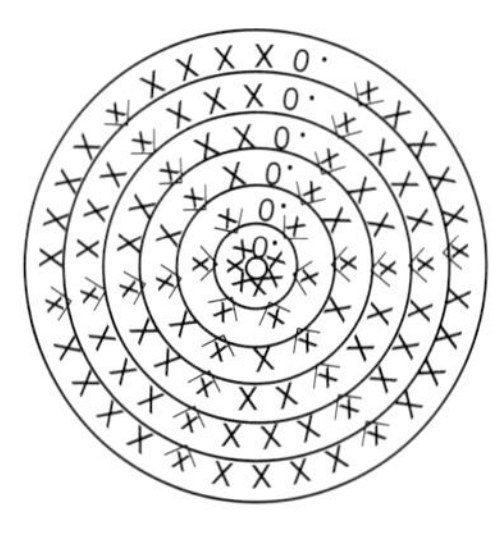

Braços 8x

Comece da mesma forma que a cabeça, mas com 4 pb no círculo.

1ª carreira: 2 pb em cada um dos 4 pb (8 pts).

Continue fazendo 1 pb em cada pb até o braço ficar longo o bastante para o polvo (10 cm nesse modelo).

Arremate.

Coloque o arame.

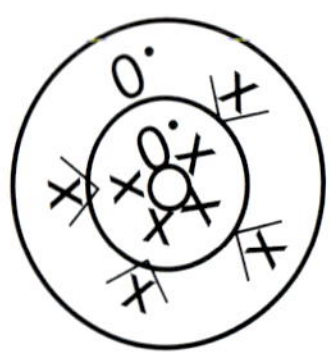

Montagem

Costure todas as partes juntas.

Coloque os olhos.

E não se esqueça de bordar o sorriso com linha de bordar vermelha.

Dia do Golfinho

Este golfinho esperto passa seus dias no mar brincando com sua bola e seus amigos golfinhos. Depois de aprender a arte de fazer golfinhos, você vai querer fazer um monte deles.

Materiais

Tamanho da agulha: 3 mm

Olhos: 10 mm

Linha cinza claro

Corpo

Faça um círculo com a ponta da linha à direita e o novelo à esquerda.

Passe a ponta que vem do novelo por dentro do círculo. Faça uma corr passando por dentro do círculo usando a alça que fez para prendê-lo. Faça 6 pb por dentro do círculo e complete com um pbx no primeiro pb.

1ª carreira: 2 pb em cada um dos 6 pb (12 pts).

2ª-4ª carreira: 1 pb em cada pb.

5ª carreira: *1 pb em cada um dos 2 pb seguintes, 2 pb no pb seguinte. *4 vezes (16 pts).

6ª-9ª carreira: 1 pb em cada pb.

10ª carreira: *1 pb em cada um dos 3 pb seguintes, 2 pb no pb seguinte. *4 vezes (20 pts).

11ª-12ª carreira: 1 pb em cada pb.

13ª carreira: *1 pb em cada um dos 4 pb seguintes, 2 pb no pb seguinte. *4 vezes (24 pts).

14ª carreira: *1 pb em cada um dos 5 pb seguintes, 2 pb no pb seguinte. *4 vezes (28 pts).

15ª carreira: *1 pb em cada um dos 6 pb seguintes, 2 pb no pb seguinte. *4 vezes (32 pts).

16ª-17ª carreira: 1 pb em cada pb.

18ª carreira: *1 pb em cada um dos 6 pb seguintes, pular 1, 1 pb. *4 vezes (28 pts).

19ª carreira: *1 pb em cada um dos 5 pb seguintes, pular 1, 1 pb. *4 vezes (24 pts).

20ª carreira: *1 pb em cada um dos 4 pb seguintes, pular 1, 1 pb. *4 vezes (20 pts).

21ª carreira: *1 pb em cada um dos 3 pb seguintes, pular 1, 1 pb. *4 vezes (16 pts).

22ª carreira: *1 pb em cada um dos 2 pb seguintes, pular 1, 1 pb. *4 vezes (12 pts).

23ª carreira: *1 pb, pular 1. *6 vezes (6 pts).

Arrematar.

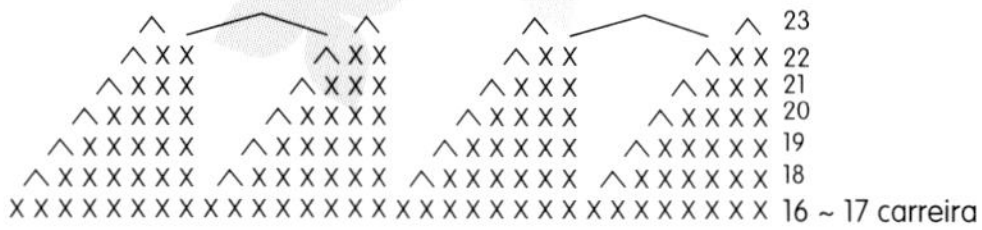

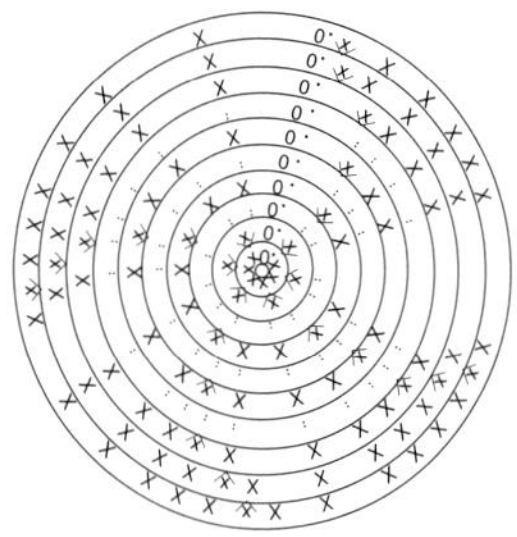

Nariz

Comece da mesma forma que a cabeça (6 pb no círculo).

1ª carreira: 2 pb em cada um dos 6 pb (12 pts).

2ª carreira: *1 pb, 2 pb no pb seguinte. *6 vezes (18 pts).

3ª-5ª carreira: 1 pb em cada pb.

Arrematar.

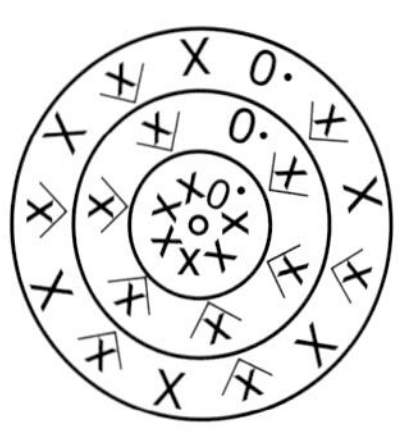

Barbatanas 2x

1ª carreira: 2 pb em cada um dos 6 pb (12 pts).

2ª carreira: *1 pb, 2 pb no pb seguinte. *6 vezes (18 pts).

3ª carreira: *1 pb em cada um dos 2 pb seguintes, 2 pb no pb seguinte. *6 vezes (24 pts).

Arrematar.

Dobre ao meio e costure a borda.

Cauda 2x

Comece da mesma forma que a cabeça, mas com 4 pb no círculo.

1ª carreira: 2 pb em cada um dos 4 pb (8 pts).

2ª carreira: *1 pb, 2 pb no pb seguinte. *4 vezes (12 pts).

3ª carreira: *1 pb em cada um dos 2 pb seguintes, 2 pb no pb seguinte. *4 vezes (16 pts).

4ª carreira: *1 pb em cada um dos 3 pb seguintes, 2 pb no pb seguinte. *4 vezes (20 pts).

5ª carreira: *1 pb em cada um dos 4 pb seguintes, 2 pb no pb seguinte. *4 vezes (24 pts).

Arrematar.

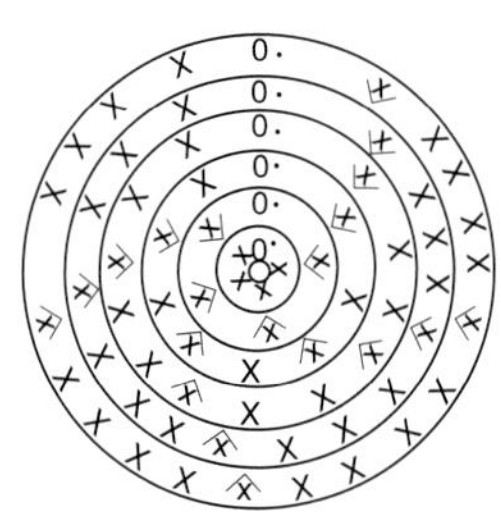

Dobre ao meio e costure a borda.

Montagem

Costure as barbatanas, a cauda e o nariz no corpo.

Coloque os olhos.

Capítulo 4
Barbatanas e Asas

Azulzinho

O Azulzinho é o menor membro da família dos pinguins, e um acréscimo maravilhoso à sua coleção de amigurumis. De dia ele corre para o mar atrás de peixes; à noite ele se recolhe em sua toca aconchegante com seus amigos pinguins. Use linha mohair para deixá-lo ainda mais fofo.

Materiais

Tamanho da agulha: 2,3 mm

Olhos: 10 mm

Linha mohair azul clara

Linha mohair branca

Linha fina de crochê amarela

Linha preta para os pés

Cabeça

Com a linha mohair azul, faça um círculo com a ponta da linha à direita e o novelo à esquerda.

Passe a ponta que vem do novelo por dentro do círculo. Faça uma corr passando por dentro do círculo usando a alça que fez para prendê-lo. Faça 6 pb por dentro do círculo e complete com um pbx no primeiro pb.

1ª carreira: 2 pb em cada um dos 6 pb (12 pts).

2ª carreira: *1 pb, 2 pb no pb seguinte. *6 vezes (18 pts).

3ª carreira: *1 pb em cada um dos 2 pb seguintes, 2 pb no pb seguinte. *6 vezes (24 pts).

4ª carreira: *1 pb em cada um dos 3 pb seguintes, 2 pb no pb seguinte. *6 vezes (30 pts).

5ª-11ª carreira: 1 pb em cada pb.

Arrematar.

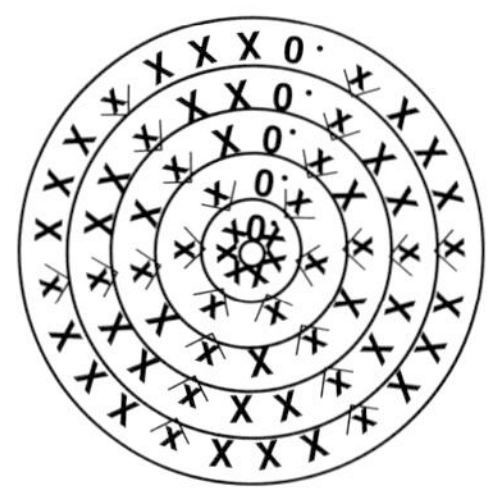

Rosto

Com a linha mohair branca, comece da mesma forma que a cabeça (6 pb no círculo).

1ª carreira: 2 pb em cada um dos 6 pb (12 pts).

2ª carreira: *1 pb, 2 pb no pb seguinte. *6 vezes (18 pts).

3ª carreira: *1 pb em cada um dos 2 pb seguintes, 2 pb no pb seguinte. *6 vezes (24 pts).

Arrematar.

Corpo

Com linha mohair azul, comece da mesma forma que a cabeça (6 pb no círculo).

1ª carreira: 2 pb em cada um dos 6 pb (12 pts).

2ª carreira: *1 pb, 2 pb no pb seguinte. *6 vezes (18 pts).

3ª carreira: *1 pb em cada um dos 2 pb seguintes, 2 pb no pb seguinte. *6 vezes (24 pts).

4ª carreira: *1 pb em cada um dos 3 pb seguintes, 2 pb no pb seguinte. *6 vezes (30 pts).

5ª carreira: *1 pb em cada um dos 4 pb seguintes, 2 pb no pb seguinte. *6 vezes (36 pts).

6ª carreira: *1 pb em cada um dos 5 pb seguintes, 2 pb no pb seguinte. *6 vezes (42 pts).

7ª-13ª carreira: 1 pb em cada pb.

14ª carreira: *1 pb em cada um dos 5 pb seguintes, pular 1, 1 pb. *6 vezes (36 pts).

15ª carreira: *1 pb em cada um dos 4 pb seguintes, pular 1, 1 pb. *6 vezes (30 pts).

16ª carreira: 1 pb em cada pb.

Arrematar.

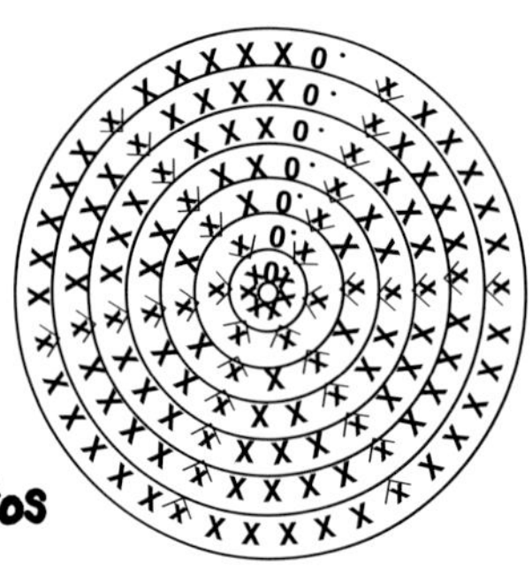

Braços 2x

Com a linha mohair azul, comece da mesma forma que a cabeça, mas com 3 pb no círculo.

1ª carreira: 2 pb em cada um dos 3 pb (6 pts).

2ª carreira: *1 pb, 2 pb no pb seguinte. *3 vezes (9 pts).

3ª carreira: *1 pb em cada um dos 2 pb seguintes, 2 pb no pb seguinte. *3 vezes (12 pts).

4ª-7ª carreira: 1 pb em cada pb.

Arrematar.

Pés 2x

Use linha preta.

Comece da mesma forma que a cabeça (6 pb no círculo).

1ª carreira: 2 pb em cada um dos 6 pb (12 pts).

2ª-3ª carreira: 1 pb em cada pb.

Arrematar.

Bico

Use a linha de crochê amarela.

Comece da mesma forma que a cabeça (6 pb no círculo).

1ª carreira: 2 pb em cada um dos 6 pb (12 pts).

2ª-4ª carreira: 1 pb em cada pb.

Arrematar.

Barriga

Use a linha mohair branca.

Comece da mesma forma que a cabeça (6 pb no círculo).

1ª carreira: 2 pb em cada um dos 6 pb (12 pts).

2ª carreira: *1 pb, 2 pb no pb seguinte. *6 vezes (18 pts).

3ª carreira: *1 pb em cada um dos 2 pb seguintes, 2 pb no pb seguinte. *6 vezes (24 pts).

4ª carreira: *1 pb em cada um dos 3 pb seguintes, 2 pb no pb seguinte. *6 vezes (30 pts).

5ª carreira: *1 pb em cada um dos 4 pb seguintes, 2 pb no pb seguinte. *6 vezes (36 pts).

Arrematar.

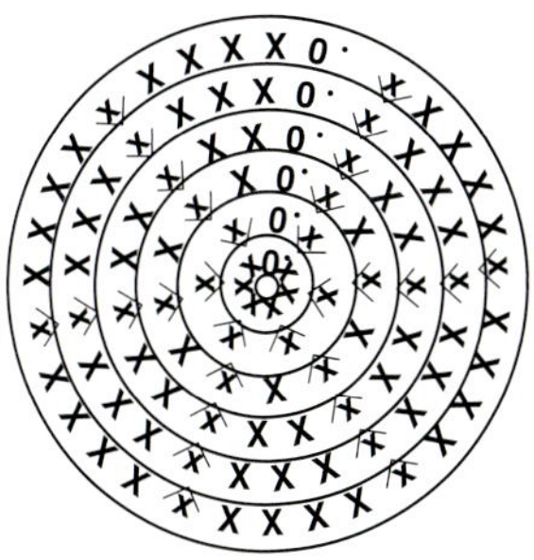

Montagem

Costure todas as partes como na foto.

Coloque os olhos.

Borde o rosto com linha mohair azul e linha fina de crochê amarela.

Cego como Morcego

Este morcego dorme o dia todo no celeiro, enrolado em suas asas. Ele gosta de se esconder nas sombras quando o sol aparece, mas adora voar à noite pela vizinhança. Use feltro rosa para as orelhas e pontas das asas.

Materiais

Tamanho da agulha: 2,3 mm

Olhos: 6 mm

Linha marrom (de 4 fios)

Feltro marrom claro

Feltro rosa claro

Linha de bordar rosa

Cabeça

Faça um círculo com a ponta da linha à direita e o novelo à esquerda.

Passe a ponta que vem do novelo por dentro do círculo. Faça uma corr passando por dentro do círculo usando a alça que fez para prendê-lo. Faça 6 pb por dentro do círculo e complete com um pbx no primeiro pb.

1ª carreira: 2 pb em cada um dos 6 pb (12 pts).

2ª carreira: *1 pb, 2 pb no pb seguinte. *6 vezes (18 pts).

3ª carreira: *1 pb em cada um dos 2 pb seguintes, 2 pb no pb seguinte. *6 vezes (24 pts).

4ª carreira: *1 pb em cada um dos 3 pb seguintes, 2 pb no pb seguinte. *6 vezes (30 pts)

5ª carreira: *1 pb em cada um dos 4 pb seguintes, 2 pb no pb seguinte. *6 vezes (36 pts).

6ª carreira: *1 pb em cada um dos 5 pb seguintes, 2 pb no pb seguinte. *6 vezes (42 pts).

7ª-10ª carreira: 1 pb em cada pb.

11ª carreira: *1 pb em cada um dos 5 pb seguintes, pular 1, 1 pb. *6 vezes (36 pts).

12ª carreira: *1 pb em cada um dos 4 pb seguintes, pular 1, 1 pb. *6 vezes (30 pts).

13ª carreira: *1 pb em cada um dos 3 pb seguintes, pular 1, 1 pb. *6 vezes (24 pts).

14ª carreira: *1 pb em cada um dos 2 pb seguintes, pular 1, 1 pb. *6 vezes (18 pts).

15ª carreira: *1 pb, pular 1, 1 pb. *6 vezes (12 pts).

16ª carreira: *1 pb, pular 1. *6 vezes (6 pts).

Arrematar.

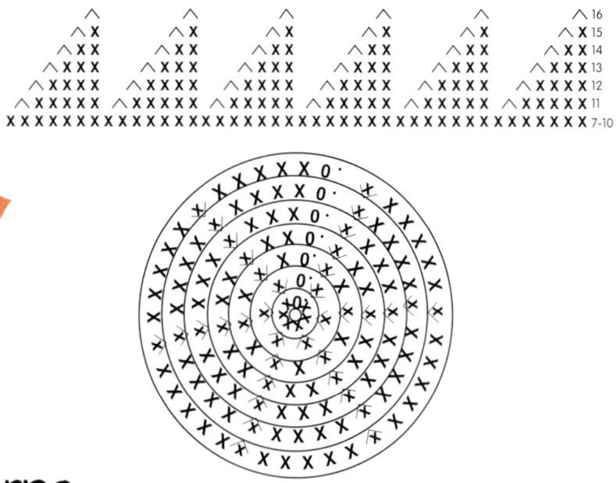

Corpo

Comece da mesma forma que a cabeça.

1ª carreira: 2 pb em cada um dos 6 pb (12 pts).

2ª carreira: *1 pb, 2 pb no pb seguinte. *6 vezes (18 pts).

3ª carreira: *1 pb em cada um dos 2 pb seguintes, 2 pb no pb seguinte. *6 vezes (24 pts).

4ª carreira: *1 pb em cada um dos 3 pb seguintes, 2 pb no pb seguinte. *6 vezes (30 pts).

5ª-8ª carreira: 1 pb em cada pb.

9ª carreira: *1 pb em cada um dos 3 pb seguintes, pular 1, 1 pb. *6 vezes (24 pts).

10ª carreira: *1 pb em cada um dos 2 pb seguintes, pular 1, 1 pb. *6 vezes (18 pts).

11ª carreira: *1 pb, pular 1, 1 pb. *6 vezes (12 pts).

12ª carreira: *1 pb, pular 1. *6 vezes (6 pts).

Arrematar.

Montagem

Costure a cabeça ao corpo como na foto.

Corte o feltro marrom no formato das asas.

Corte o feltro rosa claro no formato das orelhas, nariz e mãos.

Prenda as peças como mostrado na foto.

Não se esqueça de colocar os olhos e bordar a boca com linha de bordar rosa.

Capítulo 5

No Jardim

Escorregadio e Gosmento

Escorregadio e Gosmento são grandes amigos. Geralmente você os encontra fofocando sobre outras lesmas perto dos cogumelos no fundo do jardim. Coloque um enchimento extra nas conchas para deixá-las mais firmes, e não se esqueça das antenas!

Materiais

Tamanho da agulha: 3 mm

Olhos: 6 mm

Linha creme (ou azul) para o corpo

Linha marrom (ou verde) para a concha

Linha de bordar vermelha

Corpo

Use linha creme (ou azul).

Faça um círculo com a ponta da linha à direita e o novelo à esquerda.

Passe a ponta que vem do novelo por dentro do círculo. Faça uma corr passando por dentro do círculo usando a alça que fez para prendê-lo. Faça 6 pb por dentro do círculo e complete com um pbx no primeiro pb.

1ª carreira: 2 pb em cada um dos 6 pb (12 pts).

2ª carreira: *1 pb, 2 pb no pb seguinte. *6 vezes (18 pts).

3ª-10ª carreira: 1 pb em cada pb.

11ª carreira: *1 pb em cada um dos 7 pb seguintes, pular 1, 1 pb. *2 vezes (16 pts).

12ª-17ª carreira: 1 pb em cada pb.

18ª carreira: *1 pb em cada um dos 6 pb seguintes, pular 1, 1 pb. *2 vezes (14 pts).

19ª-22ª carreira: 1 pb em cada pb.

23ª carreira: *1 pb em cada um dos 5 pb seguintes, pular 1, 1 pb. *2 vezes (12 pts).

24ª carreira: *1 pb em cada um dos 2 pb seguintes, pular 1, 1 pb. *3 vezes (9 pts).

25ª carreira: *1 pb, pular 1, 1 pb. *3 vezes (6 pts).

Arrematar.

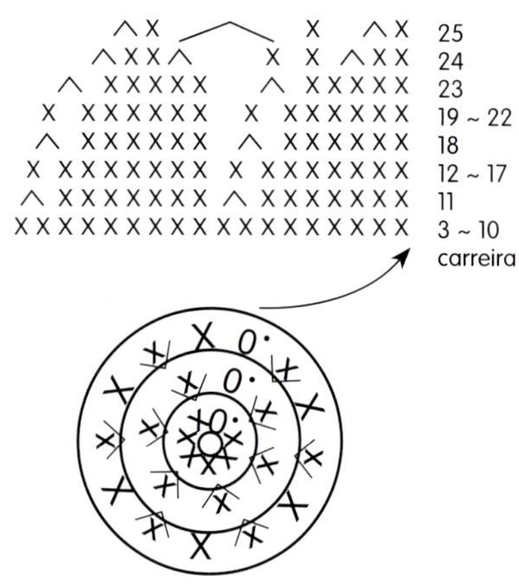

Concha

Use linha marrom (ou verde).

Faça 40 corr. Continue trabalhando com pb por 3 carreiras.

Arremate.

Enrole e prenda a concha no formato com alguns pontos.

Montagem

Quando colocar o enchimento no corpo lembre-se de deixar menos enchimento próximo à parte da cauda, já que ela precisa estar flexível para ficar no formato correto.

Costure a concha ao corpo como na foto.

Coloque os olhos.

Borde a boca com linha de bordar vermelha.

Também não se esqueça de colocar antenas em suas lesmas usando um pedaço de linha!

Vida na Lagoa

A vida é boa para esse sapo da lagoa. Ele pode pular bem longe se quiser, então é fácil para ele sair e dar uma volta. Na maior parte do tempo, porém, ele gosta de sentar sobre as folhas, espantando os outros bichos da lagoa. Mas ele é muito fofo para assustar!

Materiais

Tamanho da agulha: 3 mm

Olhos: 15 mm

Linha verde escura

Linha de bordar amarela

Cabeça

Faça um círculo com a ponta da linha à direita e o novelo à esquerda.

Passe a ponta que vem do novelo por dentro do círculo. Faça uma corr passando por dentro do círculo usando a alça que fez para prendê-lo. Faça 6 pb por dentro do círculo e complete com um pbx no primeiro pb.

1ª carreira: 2 pb em cada um dos 6 pb (12 pts).

2ª carreira: *1 pb, 2 pb no pb seguinte. *6 vezes (18 pts).

3ª carreira: *1 pb em cada um dos 2 pb seguintes, 2 pb no pb seguinte. *6 vezes (24 pts).

4ª carreira: *1 pb em cada um dos 3 pb seguintes, 2 pb no pb seguinte. *6 vezes (30 pts).

5ª-6ª carreira: 1 pb em cada pb.

7ª carreira: *1 pb em cada um dos 3 pb seguintes, pular 1, 1 pb. *6 vezes (24 pts).

8ª carreira: *1 pb em cada um dos 2 pb seguintes, pular 1, 1 pb. *6 vezes (18 pts).

9ª carreira: *1 pb, pular 1, 1 pb. *6 vezes (12 pts).

10ª carreira: *1 pb, pular 1. *6 vezes (6 pts).

Arrematar.

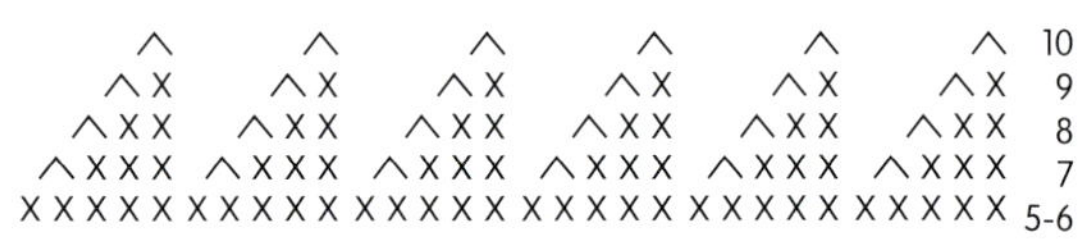

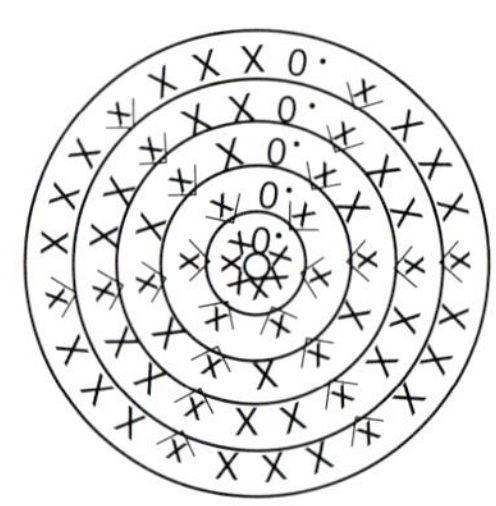

Corpo

Comece da mesma forma que a cabeça.

1ª carreira: 2 pb em cada um dos 6 pb (12 pts).

2ª carreira: *1 pb, 2 pb no pb seguinte. *6 vezes (18 pts).

3ª carreira: *1 pb em cada um dos 2 pb seguintes, 2 pb no pb seguinte. *6 vezes (24 pts).

4ª carreira: *1 pb em cada um dos 3 pb seguintes, 2 pb no pb seguinte. *6 vezes (30 pts).

5ª-9ª carreira: 1 pb em cada pb.

10ª carreira: *1 pb em cada um dos 4 pb seguintes, pular 1, 1 pb. *5 vezes (25 pts).

11ª-12ª carreira: 1 pb em cada pb.

13ª carreira: *1 pb em cada um dos 3 pb seguintes, pular 1, 1 pb. *5 vezes (20 pts).

14ª-15ª carreira: 1 pb em cada pb.

16ª carreira: *1 pb em cada um dos 2 pb seguintes, pular 1, 1 pb. *5 vezes (15 pts).

Arrematar.

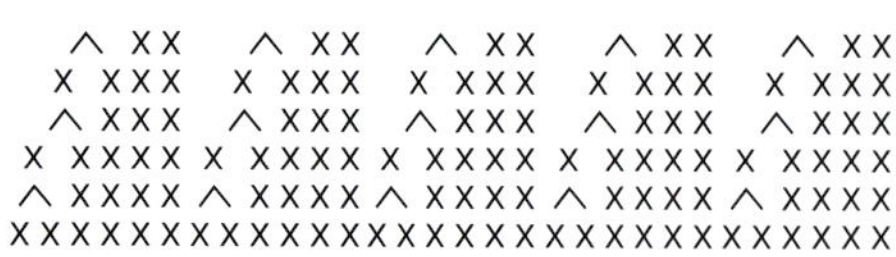

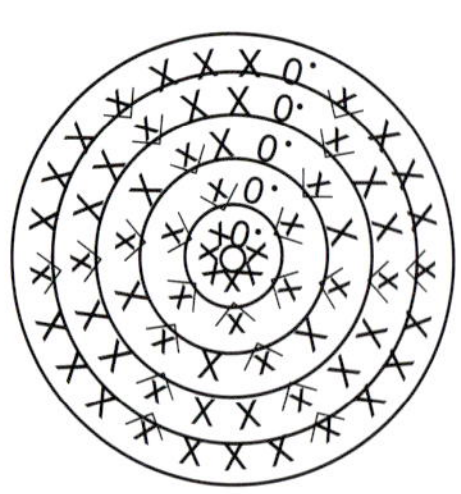

Olhos 2x

Comece da mesma forma que a cabeça.

1ª carreira: 2 pb em cada um dos 6 pb (12 pts).

2ª-6ª carreira: 1 pb em cada pb.

Arrematar.

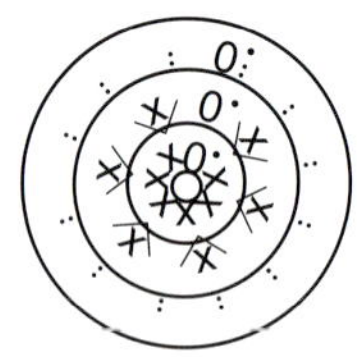

Pernas 2x

Comece da mesma forma que a cabeça.

1ª carreira: 2 pb em cada um dos 6 pb (12 pts).

2ª carreira: *1 pb, 2 pb no pb seguinte. *6 vezes (18 pts).

3ª-5ª carreira: 1 pb em cada pb.

Arrematar.

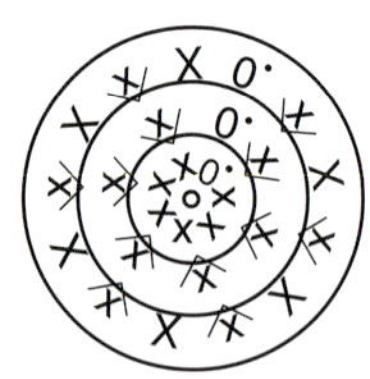

Pés 2x

Comece da mesma forma que a cabeça.

1ª carreira: 2 pb em cada um dos 6 pb (12 pts).

2ª carreira: Faça 3 corr, 1 pb no pb seguinte e então 3 corr novamente.

Repita para fazer 3 alças.

Montagem

Costure todas as partes como na foto.

Coloque os olhos.

Borde o nariz e a boca com linha amarela.

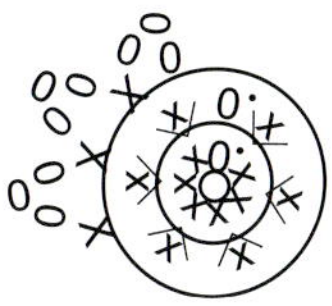

Mãos 2x

Comece da mesma forma que a cabeça.

Faça 3 corr, 1 pb no pb seguinte e então 3 corr novamente.

Repita para fazer 3 alças.

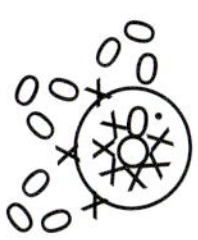

Joaninhas Preguiçosas

Durante o verão longo e quente, estas joaninhas ficam com muita preguiça de voar e gostam de procurar folhas macias para tirar uma soneca. Use lã vermelho vivo para as costas para deixá-las vistosas sobre as folhas verde escuro.

Materiais

Tamanho da agulha: 3 mm

Olhos: 7 mm

Linha vermelha

Linha preta

Corpo

Comece com linha vermelha.

Faça um círculo com a ponta da linha à direita e o novelo à esquerda.

Passe a ponta que vem do novelo por dentro do círculo. Faça uma corr passando por dentro do círculo usando a alça que fez para prendê-lo. Faça 6 pb por dentro do círculo e complete com um pbx no primeiro pb.

1ª carreira: 2 pb em cada um dos 6 pb (12 pts).

2ª carreira: *1 pb, 2 pb no pb seguinte. *6 vezes (18 pts).

3ª carreira: *1 pb em cada um dos 2 pb seguintes, 2 pb no pb seguinte. *6 vezes (24 pts).

4ª carreira: *1 pb em cada um dos 3 pb seguintes, 2 pb no pb seguinte. *6 vezes (30 pts).

5ª-6ª carreira: 1 pb em cada pb.

7ª carreira: Mude para linha preta. *1 pb em cada um dos 3 pb seguintes, pular 1, 1 pb. *6 vezes (24 pts).

8ª carreira: *1 pb em cada um dos 2 pb seguintes, pular 1, 1 pb. *6 vezes (18 pts).

9ª carreira: *1 pb, pular 1, 1 pb. *6 vezes (12 pts).

10ª carreira: *1 pb, pular 1. *6 vezes (6 pts).

Arrematar.

Rosto

Use linha preta.

Comece da mesma forma que o corpo.

1ª carreira: 2 pb em cada um dos 6 pb (12 pts).

2ª carreira: *1 pb, 2 pb no pb seguinte. *6 vezes (18 pts).

3ª carreira: 1 pb em cada pb.

4ª carreira: *1 pb, pular 1, 1 pb. *6 vezes (12 pts).

5ª carreira: *1 pb, pular 1. *6 vezes (6 pts).

Arrematar.

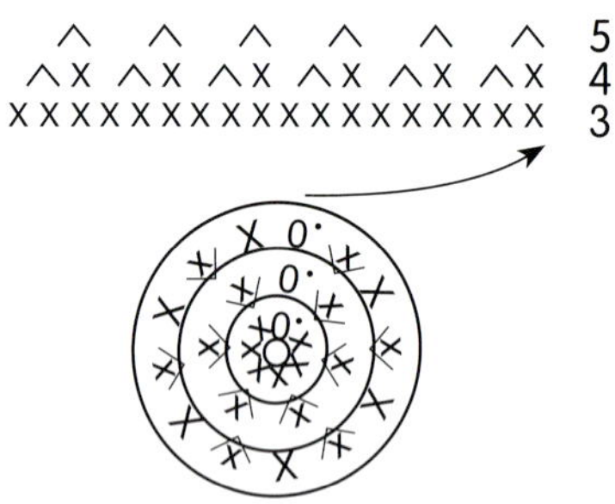

Pintas 4x

Use linha preta.

Faça um círculo como de costume e 6 pb no círculo.

Arrematar.

Montagem

Costure o rosto ao corpo como mostrado na foto.

Coloque os olhos.

Prenda as pintas e borde uma linha preta no meio do corpo.

Minijoaninhas

Se você não tem tempo para fazer uma joaninha do tamanho normal, essas minijoaninhas são ideais. Pegue alguns alfinetes, prenda nas joaninhas e crie belos broches para você!

Corpo

Comece com linha vermelha.

Faça 6 pb no círculo inicial, 2 pb em cada ponto (12 pts).

1 pb em cada ponto por 2 carreiras e então mude para preto, mais 1 pb em cada ponto por mais 1 carreira.

Comece a dim. 1 pb e pule o pb seguinte até o fim. (6 pts).

Coloque o enchimento e borde os detalhes!

Se prender um alfinete ou prendedor atrás, você pode usá-la como broche!

Fornecedores

Entre no mundo superfofo dos amigurumis. Incluímos a seguir uma lista de varejistas e fornecedores testados para ajudá-lo(a) em sua missão de encher sua vida de doçura.

Brasil

Armarinho Ambar

http://www.armarinhoambar.com.br

Puppet's

http://www.puppetstore.com.br/

Rei do Armarinho

http://www.reidoarmarinho.com.br/

A Gaivota

http://www.agaivota.com.br/

Internacional

Angel Yarns UK

www.angelyarns.com

Knitshop

www.knitshop.co.uk

Knit and Sew

www.knitandsew.co.uk

Laughing Hens

www.laughinghens.com

Loop Yarn Shop

www.loop.gb.com

Mason's Needlecraft

www.masonsneedlecraft.co.uk

Prick Your Finger

www.prickyourfinger.com

Blue Sky Alpacas, Inc

www.blueskyalpacas.com

Koigu Wool Designs

www.koigu.com

Patons

www.patonsyarns.com

Informações úteis

Se você não consegue desenvolver uma ideia ou sente falta de alguma ferramenta ou material, existe uma comunidade séria na Internet de apoio aos entusiastas do crochê e amigurumis. Dê uma olhada na comunidade de Tricô e Crochê do Reino Unido (www.knitting-and-crochet-guild.org) e da Austrália (www.crochetaustralia.com.au) para saber das notícias do mundo do crochê, links para fornecedores, dicas e conselhos. Veja o site Etsy (www.etsy.com) para modelos, acessórios, livros, e todas outras informações que você pode precisar sobre amigurumis.

Índice Remissivo